U0452685

写给孩子的中国名人传

给孩子看的杜甫传

王乃昌　杜玉飞　著

四川少年儿童出版社

图书在版编目（CIP）数据

给孩子看的杜甫传 / 王乃昌，杜玉飞著 . -- 成都：四川少年儿童出版社，2023.6
ISBN 978-7-5728-1123-4

Ⅰ . ①给… Ⅱ . ①王… ②杜… Ⅲ . ①杜甫（712-770）—传记—少儿读物 Ⅳ . ① K825.6-49

中国国家版本馆 CIP 数据核字 (2023) 第 082219 号

出 版 人　常　青

策　　划　书香力扬
责任编辑　黄　政
封面设计　刘　亮
书籍设计　书香力扬
技术设计　黄　政
责任校对　覃　秀
责任印制　李　欣

GEI HAIZI KANDE DUFUZHUAN

书　　名	给孩子看的杜甫传
作　　者	王乃昌　杜玉飞
绘　　画	胡渝晨
出　　版	四川少年儿童出版社
地　　址	成都市锦江区三色路 238 号
网　　址	http：//www.sccph.com.cn
网　　店	http：//shop.sccph.com.cn
经　　销	新华书店
排　　版	书香力扬
印　　刷	四川科德彩色数码科技有限公司
成品尺寸	230mm×165mm
开　　本	16
印　　张	10.5
字　　数	210 千
版　　次	2023 年 8 月第 1 版
印　　次	2023 年 8 月第 1 次印刷
书　　号	978-7-5728-1123-4
定　　价	30.00 元

《写给孩子的中国名人传》编委会

主　　编　林　强

副 主 编　刘晓军　陈冠夫

编委会成员（以姓氏笔画为序）

　　　　　王　聪（成都龙泉驿柏合学校校长）

　　　　　王　燕（成都新华路小学校长）

　　　　　王　鑫（成都青羊区清波小学副校长）

　　　　　田　慧（简阳市射洪坝水东小学校长）

　　　　　刘　伟（四川省校园文学艺术发展促进会秘书长）

　　　　　刘芳菲（成都双眼井小学校长）

　　　　　何天明（眉山天府新区青龙小学校长）

　　　　　何文轲（绵阳北川永昌实验学校校长）

　　　　　张胜兵（成都天府新区永兴小学校长）

　　　　　陈　庆（彭山实验小学校长）

　　　　　陈　岳（成都市国学推广公益大使）

　　　　　罗　勇（眉山苏南小学校长）

　　　　　周晓华（彭山第四小学校长）

　　　　　彭　英（成都市泡桐树小学语文教研组大组长）

编辑部成员　赵娟　许甜甜　张露

CONTENTS

第一章 "诗圣"的童年 / 001
第二章 行万里路 / 009
第三章 和"诗仙"兄弟一起看世界 / 015
第四章 伯乐不常有 / 027
第五章 伟大的转变 / 033
第六章 不幸陷贼 / 037

第七章 心酸求职路 / 042
第八章 回洛阳看看 / 047
第九章 归途所见 / 049
第十章 陇右之行 / 052
第十一章 成都，我来了 / 058
第十二章 浣花草堂初建成 / 061

第十三章	中国好邻居	/ 068
第十四章	老杜在成都的朋友圈	/ 073
第十五章	老杜好兄弟之高适	/ 079
第十六章	老杜好兄弟之严武	/ 087
第十七章	老杜的春游小记	/ 096
第十八章	在杜甫草堂的小日子	/ 100
第十九章	论诗,老杜有发言权	/ 108
第二十章	游武侯祠、琴台	/ 113
第二十一章	永远的家国情怀	/ 122
第二十二章	暂住梓州	/ 128
第二十三章	再见,成都	/ 135
第二十四章	竟然成了小地主	/ 139
第二十五章	那次登高,冠绝了诗坛	/ 147
第二十六章	落花时节	/ 150

第一章
"诗圣"的童年

公元712年正月,在河南巩县东二里窑湾村,一个男孩**呱呱坠地**。和别的孩子一样,他用响亮的啼哭声向这个世界宣告

> 📍 公元712年正月
> 河南巩县窑湾村

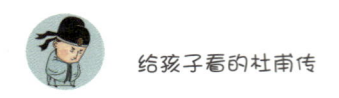

自己的来临。孩子的父亲杜闲已到而立之年，自是如获至宝，他给孩子取名为"甫"。

这个孩子就是杜甫。杜甫，字子美。说起他的"名"和"字"，可有些讲究。"甫"形容男子英俊杰出；"子"是古代对男子的尊称，"子美"就是说这个人很俊美，意同"甫"。杜甫的名和字是对应的！

当然，还有另一种说法，说杜甫之名，是祖父杜审言取的，原为"辅"，老爷子希望杜甫做贤臣良相辅佐君王；但其父杜闲认为这样太高调了，就去掉半边，改为"甫"。

第一章 "诗圣"的童年

不管怎么样，杜甫用自己的行动，让自己的名字绚烂了整个大唐，虽历经千年，这一名字仍在历史的星空中**熠熠生辉**。

杜甫很小的时候母亲就去世了，住在洛阳的二姑担当了杜甫母亲的角色。二姑对这个失去母亲的孩子非常疼爱，甚至比对自己的孩子还要好。有一次杜甫和二姑的儿子都生病了，且病情都很严重，二姑却先无微不至地照顾杜甫，然后再照顾自己的孩子。后来侄儿杜甫渐渐地恢复了健康，可她自己的儿子却不幸夭折。

这一件事对二姑的打击可想而知。杜甫知道这件事后非常难过，他始终像对待母亲一样对待二姑，在她死后亲自为她刻碑写悼词。

正是由于二姑无私的爱，童年的杜甫才能成长在亲情的怀抱中，使他的情感不至于荒芜。他心地善良，胸怀天下，也许与此有关吧。

杜家的先祖是晋代名将杜预，杜甫的爷爷是初唐著名诗人杜审言，他们都是自己那个时代的名人。这样的家世对杜甫一生影响很大，对杜甫来说，一是要向先祖杜预那样，为国家立下丰功伟绩，"奉儒守官"（"奉儒"是家族崇儒的观念，"守官"则是家族成员投身仕途的传统）；二是要向祖父杜审言学习，将"诗是吾家事"祖辈相传。

在仕途上，杜甫非常不如意；然而在诗歌上，他却开创了一个时代。此乃后话，先按下不表。

给孩子看的杜甫传

小杜甫很早就开始了自己的学习生涯。从一开始学习，杜甫就展示出了自己的学霸本色。"三更灯火五更鸡，正是男儿读书时。"经过努力，小杜甫早早地就将四书五经①、《左传》等全都烂熟于心。

晨起时，日入息，数年苦读，方得笔著诗成惊世人！

①四书五经：是"四书"与"五经"的合称。四书：《大学》《中庸》《论语》《孟子》。五经：《诗经》《尚书》《礼记》《周易》《春秋》。在中国传统文化中，四书五经占据着相当重要的位置。它们翔实地记载了我国早期思想文化发展史上政治、军事、外交、文化等各个方面的史实资料以及孔孟等思想家的重要思想。

第一章 "诗圣"的童年

七龄思即壮，开口咏凤凰。
九龄书大字，有作成一囊。
——节选自杜甫《壮游》

杜甫说："我7岁时就思维敏捷，张口就可以歌咏凤凰。我9岁时开始学习书法，作品都装满了一个口袋。"

能写诗、会练字对小杜甫来说是 so easy（小事一桩），还有更让人惊叹的事呢。

给孩子看的杜甫传

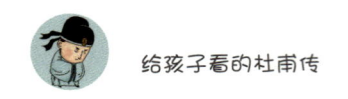

> 甫昔少年日，早充观国宾。
> 读书破万卷，下笔如有神。
> 赋料扬雄敌，诗看子建亲。
> 李邕求识面，王翰愿卜邻。
>
> ——节选自杜甫《奉赠韦左丞丈二十二韵》

"我小时候名气就很大了，曾经被邀请去国都参观旅游。我读的书多得都数不过来，写的文章那叫一个顶呱呱。我写的文章能够和扬雄匹敌，写诗也和那个七步成诗②的曹植不相上下。当代的大儒李邕亲自登门要认识我，王翰更是愿意搬过来做我的邻居。"

王翰就是那位写《凉州词》的牛人。"葡萄美酒夜光杯，欲饮琵琶马上催。醉卧沙场君莫笑，古来征战几人回？"凭着这

> ②七步成诗：成语，形容有才气，文思敏捷。它背后有一个典故：三国时期，曹操死后，魏文帝曹丕继位。他担心自己的兄弟曹植夺权，想除去曹植，于是命令曹植在七步之内作成一首诗，否则就要处死他。曹植应声便作成一诗："煮豆持作羹，漉菽以为汁。萁在釜下燃，豆在釜中泣。本自同根生，相煎何太急！"这就是"七步成诗"的故事。

第一章 "诗圣"的童年

一首诗，王翰在很长一段时间占据大唐金诗排行榜的榜首。这么牛的人物都愿意来当邻居，确实看得出杜甫不一般啊。

可别以为杜甫学习成绩好，就是一个头脑发达、四肢简单的柔弱小男生，看看真实的小杜甫吧：

> 忆年十五心尚孩，健如黄犊走复来。
> 庭前八月梨枣熟，一日上树能千回。
>
> ——节选自杜甫《百忧集行》

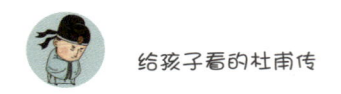

想当年，杜甫年方十五，**童心未泯**还像小孩子，身强体健像初生的黄牛犊，来来去去健步如飞。八月来临，梨子、枣儿都熟透了，他一天里不知要上树采果子多少回呢。

哎哟，这哪里是人们心目中的"小神童"？分明就是一个"熊孩子"啊！

良好的家庭传承，明确的奋斗目标，个人的后天努力，让杜甫从小具备了很高的文学素养，为他以后的文学创作打好了基础。

第二章
行万里路

经过十几年的寒窗苦读,杜甫在知识的海洋里**如鱼得水**。

唐代读书人在年轻时大都有漫游的习惯。一方面这样可以见识祖国的大好河山,开阔视野,增长见识;另一方面可以结识朋友,提高知名度,为以后自己入仕做准备。

因为唐代的科举考试不仅要看文化水平,还要看知名度,也就是说要看这个人是否是文化名人。如果一个人有很大的名气,那这对他被录取会有很大的帮助。

杜甫第一次漫游的地点是郇瑕(huán xiá,泛指山西临猗一带晋国故地),历时一年,时间不长,路程也不远,算是为以后的漫游热了一下身。

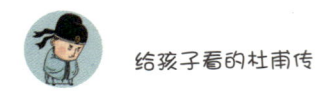

731 年，杜甫开始了第二次漫游，那年他 20 岁，目的地是吴越。吴越包括今天的江苏、浙江、上海、江西东部、安徽东部及东南部、福建大部分等地，这些地方不但有很多知名景区，还有悠久的历史文化，很富庶，更重要的是，这些地方大多还是杜甫的十三世祖杜预建立功勋的地方。

> 中国那么大，该去看看了。

第二章 行万里路

　　杜甫这一次漫游的时间大约是四年。他首先去到江宁，也就是现在的南京。后来，他去到苏州登上了姑苏台。他还去了剡（shàn）溪、天姥山等地。四年的时光如流水般逝去，杜甫不仅结交了朋友，丰富了知识，而且受到了历史文化的熏陶，可以说收获颇丰。

　　这时，一件事情的发生打断了杜甫的行程。

　　735年，唐玄宗来到洛阳视察工作，将要在洛阳举行全国"高考"，选拔人才。杜甫饱读诗书，少有才名，又加上在外游历了好几年，他对自己信心满满，认为自己考中是**手到擒来**的事。

　　但理想很丰满，现实很骨感。不得不说唐朝的进士不好考，仅有不到百分之一的录取率，比现今的高考难多了。

给孩子看的杜甫传

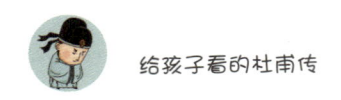

　　杜甫几乎是毫无悬念地落榜了，可能是因为名气还不够大，也可能是因为有其他一些说不清道不明的缘由……

　　落榜的杜甫没有**垂头丧气**，年轻不言失败，一切还可再来。

　　第二年，杜甫开始了第三次漫游。这一次，他去的是齐赵，就是现在的山东及河北南部地区。在齐赵的日子，可以说是杜甫一生中最惬意的时光，他在这里过着狂放不羁的生活，每日穿着裘衣，骑着骏马，自在地四处游玩，玩得**不亦乐乎**。

　　　　　　放荡齐赵间，裘马颇清狂。

　　　　　　　　　　　——节选自杜甫《壮游》

第二章　行万里路

736年，杜甫登上了泰山，25岁的杜甫纵目远望，齐鲁大地尽收眼底。远处层云缭绕，宛若仙境；近观山峰崔嵬，巍峨高耸。他心情激动，思潮翻滚，写下一首《望岳》**流芳百世**。

岱宗夫如何？齐鲁青未了。
造化钟神秀，阴阳割昏晓。
荡胸生曾云，决眦入归鸟。
会当凌绝顶，一览众山小。

——杜甫《望岳》

孔圣人"登东山而小鲁，登泰山而小天下"，今日登临泰山绝顶，果真如他所言，"一览众山小"啊！

泰山是多么的雄伟啊，大自然太偏爱泰山了，把天下优美的景色都集中到这儿。那云气升腾，令人心胸开阔，鸟儿们盘旋着飞回自己的窝，这样的美景，让人**目不暇接**，眼眶都快瞪裂了，再看周围的山，都显得是那么渺小。

坦率地讲，写泰山的诗很多，但这一首最好，流传得也最广泛。尤其是最后两句，给人以奋发的力量，激励人不断向前。当然，杜甫所说的"绝顶"，应该不仅是泰山之巅，更是对自己未来的期待。

第三章
和"诗仙"兄弟一起看世界

几年漫游之后，杜甫回到洛阳，他要闭关修炼，使自己的诗词功力继续提升，以期早日入朝为官，实现自己"致君尧舜上，再使风俗淳"的理想。杜甫渴望辅佐皇上，使之成为堪与历史上的尧舜相比肩的明君。

在这期间，杜甫还完成了自己的人生大事——娶司农少卿杨怡的女儿为妻。我们不知道她的名字，但从杜甫给她写的诗及她在杜甫**穷困潦倒**时的不离不弃看，这是一位聪明贤惠的女子。

杜甫和杨氏相依相伴一生，用自己的行动诠释了"愿得一心人，白头不相离"这一爱情誓言。

给孩子看的杜甫传

744年（玄宗天宝三年），李白从都城长安来到洛阳。那一年李白44岁，在长安做着翰林待诏，主要是在唐玄宗身边吟诗作赋。

李白本应该前途光明，未来可期，但他偏要做真实的自己。他觉得在长安很郁闷，于是写了"辞职信"，表示"世界那么大，我要去看看"。

唐玄宗于是"赐金放还"，李白开始了他的游历生活！

李白顺着黄河就来到了洛阳，在这儿遇到了他的小迷弟杜甫。

第三章 和"诗仙"兄弟一起看世界

当时的李白已是名满大唐,又在朝廷任过职,大家对他都很给面子。杜甫名气远远不如李白,考试也没考上,工作生活都不怎么顺利。但真正的友谊是会超越年龄和地位的。李白对这个比自己小 11 岁的小弟**青眼相加**①,而杜甫也以仰慕的眼神来看自己的偶像。两个好朋友一见如故,在洛阳纵马狂奔、吟诗喝酒,玩得逍遥自在,友情日深。

> 李兄,久仰大名,今日方得一见,真乃人生幸事。

> 好说,好说。

①青眼相加:成语,表示对人的赏识或者喜爱。它背后有个典故:魏晋时的阮籍("竹林七贤"之一)能做"青白眼":两眼正视,眼球上黑的多,就是"青眼";两眼斜视,眼球上白的多,就是"白眼"。阮籍对待不欢迎的人,就用白眼看他;对待欣赏的人,就用"青眼"看他。

017

这一个夏天两人没玩够,便相约秋天同游梁、宋之地,也就是今天的开封和商丘。两个人谈兴更浓,杜甫还写诗记录下了当时的情景:

余亦东蒙客,怜君如弟兄。
醉眠秋共被,携手日同行。
——节选自杜甫《与李十二白同寻范十隐居》

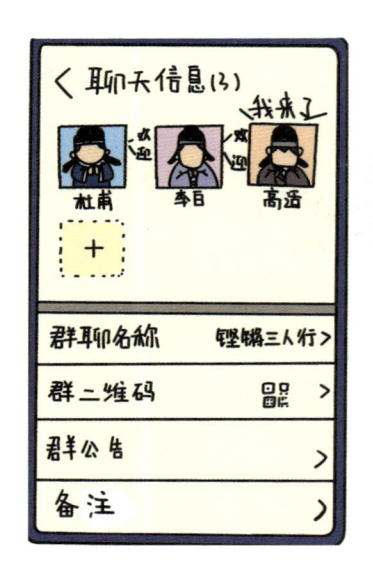

杜甫说自己也算得上是一个隐士了,他喜欢李白,把李白当作自己的兄长。他们在秋天时喝醉了酒就盖一床被子,睡一个被窝,白天携手结伴一起游玩。由此可以想象两人的友谊有多么深厚。

在梁、宋的时候,他们又遇到了高适[2]。高适后来做了大唐高官,成了地方节度使,对杜甫很照顾。但三

②高适(约704年—约765年):字达夫、仲武,唐代著名边塞诗人,与岑参并称"高岑",与岑参、王昌龄、王之涣合称"边塞四诗人"。

人相遇的时候他混得也不好，虽然很有才，考试却考不上，到处流浪，甚至有时候饭都吃不上，靠种地为生。他性格开朗，为人仗义，和杜甫一直是好朋友。

三个人见面后**情投意合**，**惺惺相惜**，他们的组合也由哼哈二兄弟变成铿锵三人行。队伍壮大了，也更热闹了。他们登上古吹台，多年之前著名乐师师旷曾在吹台吹箫，而他们在此纵论古今。

后来三人到梁园北边单父台上宴游行乐，畅谈诗文，笑语朗朗，通宵忘归。

不久高适离开梁、宋向南方的楚地漫游，寻找自己时来运转的机会，而杜甫则继续跟着李白游览大好河山。

之后杜甫和李白分别，杜甫去拜见了李邕，而李白因为之前和李邕有矛盾，不愿见到他。李白去了齐州（济南）的道教寺院紫极宫，接受了高天师的道箓，正式成了道教中人。

杜甫和李邕年纪相差很多，但友情很深，李邕非常赏识杜甫，杜甫也很钦佩李邕。当时李邕正在济南，杜甫没理由不去拜见。两人喝酒谈诗，相处融洽，在此期间，杜甫写下歌咏济南的名句：

海右此亭古，济南名士多。

——节选自杜甫《陪李北海宴历下亭》

给孩子看的杜甫传

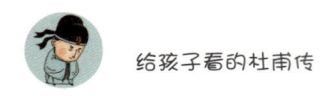

尽管和李邕玩得很高兴，但杜甫还是很想李白，就约李白到兖州相聚。在兖州，杜甫见到李白，很高兴。李白也很高兴，还写了一首诗送给杜甫：

饭颗山头逢杜甫，顶戴笠子日卓午。
借问别来太瘦生，总为从前作诗苦。

——李白《戏赠杜甫》

我在江东念你，杜兄你在渭北思我，何日才能同桌共饮一杯？

第三章　和"诗仙"兄弟一起看世界

那一天李白在饭颗山上遇到了杜甫老弟，当时正是中午，杜甫头上戴着竹笠遮阳，于是李白就笑着问杜甫，兄弟，自从分别以后为何如此消瘦？是不是这段时间写诗太辛苦了？

两人在兖州又策马扬鞭玩了一段时间，日子过得那叫一个逍遥快活。但天下没有不散的筵席，再好的朋友也不可能永远在一块儿。

杜甫还年轻，他要想实现自己的理想，西入长安是唯一的路径。而李白不打算再去长安。

于是杜甫写了一首诗送给李白：

秋来相顾尚飘蓬，未就丹砂愧葛洪。
痛饮狂歌空度日，飞扬跋扈为谁雄？

——杜甫《赠李白》

杜甫感慨道："秋天到了，你我二人再次相见，仍像飘蓬一样飘忽不定。丹砂没有炼成仙药，不禁感到愧对葛洪。痛快地饮酒，狂放地歌唱，白白地虚度时光，像您这样意气豪迈的人，到底是为谁这般逞强？"

分别的日子总是很快就到了，在兖州城东的石门山，两个心心相印的朋友不得不面对离别。尽管这样的离别李白经历过许多次，也写过许多的送别诗，但每次的离别李白都很痛心，因为他用情都是那么深那么认真。面对杜甫这个比自己小11岁

的小弟，李白再一次有感而发，脱口而出：

> 醉别复几日，登临遍池台。
> 何时石门路，重有金樽开。
> 秋波落泗水，海色明徂徕。
> 飞蓬各自远，且尽手中杯。
> ——李白《鲁郡东石门送杜二甫》

　　没有几天便要离别了，那就痛快地一醉而别吧！两位大诗人在即将分别的日子里舍不得离开。鲁郡一带的名胜古迹、亭台楼阁，他们几乎都登临游览遍了。李白多么盼望这次分别后二人还能再次相会，同游痛饮。在秋高气爽、山清水秀、风景

第三章　和"诗仙"兄弟一起看世界

如画的背景中，两个知心朋友难舍难分，依依惜别。与好友离别后，彼此就如同飞蓬随风飞舞，各自飘零远逝，令人难过。语言不易表达情怀，言有尽而意无穷，那么，就倾尽手中杯，以酒抒怀，来一个醉别吧！这感情是多么豪迈而爽朗，李白对杜甫的深厚友情，不言而喻而又倾吐无遗。

分别之后，李白一路向南去江东，对杜甫的思念如滔滔江水连绵不断。到了沙丘城，李白给杜甫写了一首诗：

> 我来竟何事？高卧沙丘城。
> 城边有古树，日夕连秋声。
> 鲁酒不可醉，齐歌空复情。
> 思君若汶水，浩荡寄南征。
>
> ——李白《沙丘城下寄杜甫》

李白独自寓居沙丘，倍感孤寂，倍觉友情的可贵："我来这里到底有什么事？没有杜甫的沙丘城好无聊啊。沙丘城四周有许多古树，从早到晚不断发出簌簌的声音。鲁地酒薄不能让我沉醉，齐地的歌声也空有其情。兄弟，我对你的感情如同滔滔汶水，它浩浩荡荡地陪着我一路向南。"

李白思念杜甫，杜甫更是记挂着李白，对李白的思念几乎伴随了杜甫的一生。杜甫写给李白的诗有十几首，我们看看其中的几首。

给孩子看的杜甫传

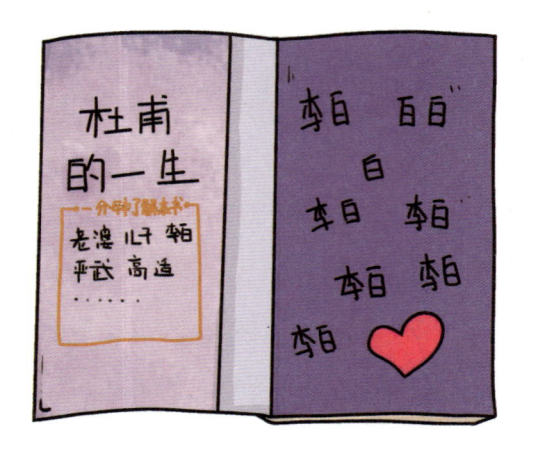

746 年，杜甫刚到长安的时候，写了一首《饮中八仙③歌》。这首诗让杜甫在长安一炮走红，一方面是因为这首诗写得确实好，另一方面也是由于这首诗中写的几个人都是长安中的名人。"饮中八仙"中杜甫写得最出彩的毫无疑义就是李白。

> 李白斗酒诗百篇，长安市上酒家眠。
> 天子呼来不上船，自称臣是酒中仙。
>
> ——节选自杜甫《饮中八仙歌》

"李白喝一斗酒就能写上百篇诗，喝醉了就直接在酒家睡了，连住店的钱都省了。皇帝叫他也不睬，自己说自己是酒中的神仙。"

③饮中八仙：指的是当时号称"酒中八仙人"的诗人贺知章、汝阳王李琎、左丞相李适之、侍御史崔宗之、吏部侍郎苏晋、"诗仙"李白、有"草圣"之名的著名书法家张旭、布衣焦遂。

第三章 和"诗仙"兄弟一起看世界

瞧瞧杜甫写的这几句，满满的都是对李白的崇敬之情，虽然这首诗写了八个人，但感觉剩下几个人都是打酱油的。

其实，别说同时代的人，就是古代的名人在杜甫笔下也成了李白的陪衬。

> 白也诗无敌，飘然思不群。
> 清新庾开府，俊逸鲍参军。
> 渭北春天树，江东日暮云。
> 何时一樽酒，重与细论文。
>
> ——杜甫《春日忆李白》

杜甫认为，李白的诗天下第一，没人能比得上，他的诗清新、俊逸，结合了庾信、鲍照两个人的长处。看吧，还是在夸李白，只是捎带着让南北朝时期的著名诗人庾信、鲍照打了回酱油。

后来，杜甫到成都后，很长一段时间没有李白的消息，可当时既没有电话，又没有微信，杜甫只好写诗表达自己的牵挂与思念。

> 不见李生久，佯狂真可哀。
> 世人皆欲杀，吾意独怜才。
> 敏捷诗千首，飘零酒一杯。
> 匡山读书处，头白好归来。
>
> ——杜甫《不见》

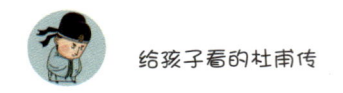

杜甫和李白在兖州分别后，已有整整十五年没有见面了，于是，杜甫用这首诗表达了渴望见到李白的强烈愿望："很长时间没见到李白了，这世上只有我最懂他了。他表面的狂放都是装出来的，真令人为他悲哀。那些坏家伙嫉妒他，都要杀了他，只有我怜惜他是个人才。他文思敏捷下笔成诗千首，却漂泊无依只好靠酒消愁。白哥啊，我现在已到了成都，想必你已头发花白，我们到匡山你早年读书的地方，再干一杯酒吧。"

这是杜甫写给李白的最后一首诗，因为第二年，伟大的"诗仙"李白就驾鹤西去了，去了另一个世界继续过他的逍遥自在的生活。

这对伟大的朋友，从相遇、相识到相交，前后近二十年的时间，虽相聚时间不多，但精神上并未远离。

第四章
伯乐不常有

和李白在兖州分别的第二年,杜甫来到了长安。那时的长安比现在还牛,是唐朝的中心,也可以说是世界的中心,是历史上第一个人口过百万的城市。

走在朱雀大街上,杜甫就像是**刘姥姥进了大观园**,两只眼睛都不够使。街上人马**川流不息**,店铺里商品**琳琅满目**,尽管杜甫有过漫游的经历,也见过一些大的城市,但那些城市和长安比起来都是有很大的差距的。

同时杜甫也发现，富贵人家**锦衣玉食**，过着豪奢的生活，但沿街乞讨的也大有人在。

多年之后，顾况曾说过一句话："长安米贵，居大不易。"这虽是用以调侃后辈白居易[1]的名字的，但也从另一方面说明想在长安生存下来不是一件容易的事情。

唐朝科举考试不只看考生的个人考试得分，还要看考生平时的名气，以及推荐人的实力。说白了就是不仅你自己要行，还要有人说你行，关键是说你行的人还要行。也就是说要考查考生的"综合实力"。

杜甫也不能例外，因为你例外了，人家就把你划到圈外了。为了自己的理想，杜甫只能咬牙往上挤。杜家虽已衰落，但好歹还有些老朋友、老关系，还不至于投递无门。

杜甫写了不少干谒诗[2]，但结果并不理想，就像一片片叶子

---

[1] 白居易（772年—846年）：字乐天，号香山居士，有"诗魔"和"诗王"之称。唐代伟大的现实主义诗人，与元稹共同倡导新乐府运动，世称"元白"；与刘禹锡并称"刘白"。代表作有《长恨歌》《卖炭翁》《琵琶行》等。有《白氏长庆集》传世。

[2] 干谒（gān yè）诗：是古代文人为推销自己而写的一种诗歌，类似于现代的自荐信。一些文人为了求得进身的机会，往往十分含蓄地写一些干谒诗，向达官贵人呈献诗文，展示自己的才华与抱负，以求引荐。

第四章 伯乐不常有

飘落在山谷里，没有引起任何回声。

杜甫渐渐拮据起来了，兜里没钱了。

外出漫游是需要钱的，杜甫年轻时家底厚，再加上父亲杜闲当官，有收入。父亲去世后，杜甫没有了经济来源，只出不入，渐渐连吃饭的钱也没了。

杜甫和李白一块儿玩的时候，都是李白买单。李白父亲是做生意的，家里的经济比较宽裕。再加上离开京城时，玄宗皇帝很大方，虽然李白在皇宫时间不长，但仍按退休的待遇，给了他一大笔退休金，史书记载是"赐金放还"，因此李白不差钱。

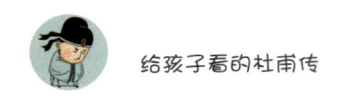

到长安后，解决温饱问题成了杜甫的头等大事，为此他不得不游走于官宦富贵人家，目的就是为了混碗饭吃。有时实在吃不饱，他就到终南山去挖药材，然后卖给有钱人家，以此维持生活。

说起挖药材，杜甫还得感谢他的好朋友郑虔。郑虔是个才子，诗书画三绝，有一定的名气。他还懂得医药，杜甫和他在一块儿的时候，也认识了一些草药。这种技能，在杜甫**穷困潦倒**的时候用处很大。可见，年轻时多学些知识很有好处，不知道在什么时候就会让你受益。

杜甫原来自认为身怀大才，以为到长安后很快就能**出人头地**，但现实是他所未料到的。

好在一个消息又激起了杜甫对未来的无限憧憬。

原来玄宗皇帝下了一道诏书，凡是有**一技之长**的人都可以到长安参加考试。就是只要你有真本领，就能成为大唐王朝的正式官员，得到很高的收入，这令和杜甫处于相似境地的人充满了希望。

但杜甫等人高兴得太早了，因为主持这次考试的是大奸相李林甫，他杖杀了文化名人李邕，引起文化界的不满，文化界对他**群起攻之**，他则以一人之力狂怼文化界，双方闹得**势不两立**。他怕这些人考上威胁自己宰相的地位，就耍了一个计谋，这次考试一个人也没录取。

这就有些说不过去了，皇帝亲自下的选拔人才的命令，作

第四章 伯乐不常有

为具体执行人的宰相一个都不录取，怎么向皇帝交差啊？

李林甫有办法，他给皇帝的回复说"野无遗贤"，就是跟皇帝说，在您的英明领导下，所有的人才都已经到朝廷来上班了，现在来参加考试的没有一个中用的，全是些庸才。

对于这样的谎言，"英明"的玄宗皇帝竟然相信了，原因是当时的唐玄宗心思已不在朝政上了。

杜甫又一次没考上，他**饥肠辘辘**，士气低落，在给韦左丞的诗中，叙述了自己当时的境况：

> 朝扣富儿门，暮随肥马尘。
>
> 残杯与冷炙，到处潜悲辛。
>
> ——节选自杜甫《奉赠韦左丞丈二十二韵》

杜甫早上敲豪富的门，晚上又屁颠屁颠地追随在肥马身后，弄得满身灰尘，成年累月吃别人的残汤剩饭，处处遭人家的白眼。啊，那日子真是太惨了！

好在**天无绝人之路**，也许是连上天也看不过去了，又给了杜甫一次机会。

751年，玄宗皇帝举行了祭祀太清宫、太庙和天地的三大盛典。这么大的活动自然需要舆论的支持，这时杜甫进献了"三大礼赋"（《朝献太清宫赋》《朝享太庙赋》《有事于南郊赋》），受到玄宗赞赏。玄宗让杜甫进集贤院，命令宰相李林甫试验他的

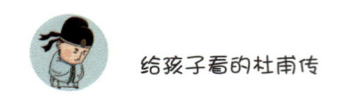

文采，这是杜甫人生中的高光时刻，他一时间名动京城。可是，考试后杜甫等候分配工作，却迟迟没有下文。

这估计还是和李林甫有关，因为他自己说"野无遗贤"，现在却提拔了个杜甫，不是自己打自己脸吗？俗话说"**宰相肚里能撑船**"，显然，李宰相的"肚子"不够大。

这一"候"就是好几年，直到755年，杜甫才被授予了一个河西尉的小官，官阶为从九品，真正的九品芝麻官。但杜甫不愿意任此官职，朝廷就改任他为右卫率府胄曹参军（兵器仓库管理员）。

第五章
伟大的转变

唐玄宗**好大喜功**，不断**开疆拓土**，弄得**民不聊生**。而守边的将军们为了迎合皇帝，更为了自己的功业，到处去打仗，以获取军功，升官发财。一开始还行，大唐**兵强马壮**，把周围的一些国家打得**落花流水**，大唐获得不少好处。后来李林甫等奸臣专权，国力渐渐衰弱，慢慢地打不过人家了。但那些将领不管，为了自己的功名，打不过也要打，要不怎么升官呢？

751年，大唐王朝遭受了重大的挫折。先是剑南节度使鲜于仲通率兵八万攻打南诏，由于指挥不当，加上**水土不服**，结果大败，死了六万人；后来高仙芝率三万人攻打大食又大败，士卒死亡二万余人。这两次败仗，严重削弱了唐朝的国力。

打了败仗，朝廷丢了面子，怎么找回来呢？只能继续打呗。可是老百姓谁愿意打仗啊，去了就是死，谁也不应征。官府就

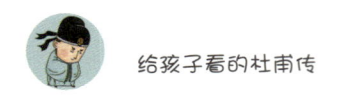

派官吏抓人,管你愿不愿意,抓到军营套上军服把刀箭塞到手里,你就成了士兵,就得服从命令去打仗。等军队出发的时候,父母、妻儿在路边哭声震天。

杜甫目睹了这一惨状,愤怒地写下一首为老百姓说话的作品《兵车行》:

车辚辚,马萧萧,行人弓箭各在腰。
耶娘妻子走相送,尘埃不见咸阳桥。
牵衣顿足拦道哭,哭声直上干云霄。
……

硝烟四起,哀鸿遍野,民不聊生,何日得归安宁?
仰天一声长叹,悲乎,悲哉!

第五章　伟大的转变

> 信知生男恶，反是生女好。
> 生女犹得嫁比邻，生男埋没随百草。
> 君不见，青海头，古来白骨无人收。
> 新鬼烦冤旧鬼哭，天阴雨湿声啾啾。
>
> ——节选自杜甫《兵车行》

这首诗深刻地揭露了连年征战给人民带来的苦难：大路上车轮滚滚，战马嘶叫，出征的青年弓箭挂在腰间。父母和妻儿纷纷跑来相送，灰尘弥漫连咸阳桥也看不见了。亲人们拦在路上牵着士兵衣服顿脚哭，哭声直上天空冲入云霄……早知道这样，还不如当初生个女儿呢，生女儿还能嫁给邻居，生儿子却只能战死沙场，被埋在荒郊野外。你看那青海的边上，白骨累累却无人收。阴雨天，那里的新鬼含冤，旧鬼痛哭，天阴雨湿时发出啾啾的哭叫声。

755 年，杜甫被任命为右卫率府胄曹参军，好歹算是有了正式工作，成了国家公职人员。在上了一段时间班后，杜甫请假去奉先看望自己的妻儿。

当杜甫**风尘仆仆**赶到奉先家里的时候，却被告知自己不满周岁的儿子竟然在昨晚饿死了。这个消息如**晴天霹雳**般打击了杜甫，失子之痛是别人无法体会的。

回到长安之后，杜甫想，自己是朝廷官员，有固定工作，领着薪水，还不能保住自己的孩子，老百姓的日子岂不是更加

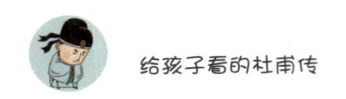

艰难？他们该怎样生活？杜甫结合自己的这次经历，写下了《自京赴奉先县咏怀五百字》，字数很多，不全录，只摘一句最有名的：

朱门酒肉臭（xiù），路有冻死骨。

——节选自杜甫《自京赴奉先县咏怀五百字》

杜甫大声疾呼："那富人家的酒肉飘散出诱人的香气，一墙之隔的大路上却有人冻饿而死！"这句诗描写了社会贫富差距悬殊的现象，笔力千钧，刻画现实入木三分，深刻地反映了当时社会矛盾的尖锐，是一句流传至今也毫不褪色的千古名句。《自京赴奉先县咏怀五百字》是杜甫现实主义风格形成的代表作，他的笔墨更多地关注到了生活在最底层的老百姓，而不仅仅是个人的仕途和命运，他开始向一个伟大的现实主义诗人转变。

第六章
不幸陷贼

755年十二月发生了一件震惊整个大唐的事件——安禄山①造反了。

其实要谁谁也反，为啥？原因很多，重要的有两个，一是安禄山实力太强大了。他是范阳、平卢、河东三镇节度使，就是大唐王朝的三个军区司令员，手下的兵力占到唐朝边境总兵力

> ①安禄山：唐朝的封疆大吏。他眼看大唐朝政腐败，军力下降，而自己兵强马壮，且野心勃勃："这大唐皇帝之位，你李隆基坐得，我安禄山坐不得？"于是带领手下史思明等人一起叛乱，意图篡位。这就是历史上著名的"安史之乱"。因其爆发于唐玄宗天宝年间，也称"天宝之乱"。

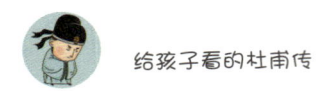

的三分之一，且能征善战，骁勇无比。而安禄山本就是个有野心的人，他在长安时看到唐玄宗等人的奢靡生活很羡慕，心里极度不平衡。

其次，唐玄宗后期把国家大事都交给李林甫和杨国忠两个奸相，导致朝纲废弛，武备松懈，人心散了。

看到这种情况，安禄山决定起兵，攻入长安。出兵总要师出有名吧，因为名正才言顺啊。安禄山就说自己接到玄宗皇帝的密诏，要他去京城擒拿奸相杨国忠。

这个理由不比"莫须有"强多少，但谁在乎呢？在乎又怎样？安禄山的叛军已经**气势汹汹**地来了。

第六章　不幸陷贼

安禄山起兵后**势如破竹**，仅用一个月就占领了东都洛阳，然后西进长安。听到消息后，唐玄宗带着杨贵妃和杨国忠兄妹仓皇逃往四川。

走到马嵬驿的时候，士兵们实在忍不了胸中的怒气，在玄武将军陈玄礼的带领下杀死杨国忠，又迫使唐玄宗杀了杨贵妃，然后才护驾去了四川。因为这件事，玄宗皇帝和太子李亨产生了隔阂，因为玄宗皇帝认为如果不是太子怂恿，那些将士没那么大胆子造反。太子大叫冤枉，说自己忠君之心日月可鉴。结果爷儿俩**不欢而散**，各奔东西。玄宗皇帝去了四川避难，李亨北上任前线抗敌总指挥。

李亨到了灵武之后，心想你去避难，却让我去送死，我不干，不如我自己当皇帝得了，于是自行宣布即位，他就是唐肃宗。他当了十八年太子，一直没机会上位，没想到安禄山帮了他一个忙。

唐肃宗即位时杜甫正在鄜州的羌村，听到这个消息立刻就往灵武赶。你说**兵荒马乱**的时候你不在家好好待着，瞎出来晃悠啥？结果还没出鄜州，就被叛军给捉到了。

当时唐政府官员被捉到的很多，比如大诗人王维就是其中的一位。王维等人官大，影响力大，因此被送到洛阳，让他们投降，为新政府出力，如果不听就处以死刑。杜甫是个芝麻粒一样大的小官，当时名气也不大，叛军没把他当回事，随便一关就不管他了。

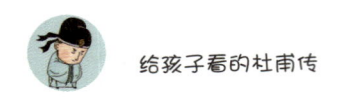

756年十月,宰相房琯请求带兵和叛军打一仗。房琯是个文人,平时**高谈阔论**,**慷慨激昂**,觉得自己文武全才,很能干。唐肃宗被他的一番说辞打动了,命他带兵和叛军在陈陶作战。但房琯竟然迷信春秋时的战车战法,让士兵乘坐牛拉的战车和叛军战斗,结果唐军大败,死伤四万余人。

这一战最大的结果是证明了房琯不适合指挥作战。

身陷长安的杜甫听到这一消息,痛心至极,写了一首诗:

孟冬十郡良家子,血作陈陶泽中水。
野旷天清无战声,四万义军同日死。
群胡归来血洗箭,仍唱胡歌饮都市。
都人回面向北啼,日夜更望官军至。

——杜甫《悲陈陶》

初冬时节,从十几个郡征来的良家子弟,一战之后鲜血都洒在陈陶水泽之中。蓝天下的旷野现在变得死寂无声,四万名兵士竟然一天之内全部战死。那些胡兵箭镞上仍然滴着血,他们唱着胡歌在长安街市上饮酒作乐。长安城的老百姓转头向陈陶方向痛哭,日夜盼望朝廷军队打回来。

朝廷不争气,连吃败仗,自己又被抓住,连亲人的消息也不知道,眼见得昔日繁华的长安城被叛军糟蹋得**乱七八糟**,杜甫**忧心忡忡**,他又写下了一首流传千古的爱国诗篇:

第六章　不幸陷贼

国破山河在，城春草木深。
感时花溅泪，恨别鸟惊心。
烽火连三月，家书抵万金。
白头搔更短，浑欲不胜簪。

——杜甫《春望》

国都沦陷只有山河依旧，长安城里的春天一片荒凉。杜甫感于战败的时局，看到花开却流泪，听到鸟叫就害怕得**心惊肉跳**。战争已经持续多月了，可家人怎么样了，他一点儿也不知道。家书难得，一封就抵万两黄金，可是，谁能给他带来家人的信呢？因为烦忧，他搔头思考，头发越来越少了，连簪子也快插不上了。他既忧心国家，又惦记家人，整天感伤流泪，可见其忧思之深。

第七章
心酸求职路

757年四月，杜甫终于逃到了皇帝的临时办公地凤翔。那时的杜甫非常凄惨，穿着一双破破烂烂的草鞋，**蓬头垢面**，破衣烂衫，像一个沿街乞讨的丐帮弟子。他跪在唐肃宗面前**泪流满面**地叙述自己的遭遇，表达自己对英明伟大皇帝的忠心。

唐肃宗的处境当时也好不到哪儿去，被叛军端了老窝，和玄宗皇帝闹矛盾，自己也**势单力薄**。

看着跪在地上的杜甫，肃宗皇帝又感动又伤心，对杜甫的忠心给予了表扬，感念他在朝廷遇到困难时愿意共渡难关，封他为左拾遗，官级八品。官虽不大，但很重要，因为左拾遗能待在皇帝身边，专门给皇帝提建议或意见，杜甫很满意。这是杜甫离自己理想最近的一次。

第七章 心酸求职路

离自己的理想又进了一步，加把油！冲冲冲！

八品 左拾遗

　　杜甫上任遇到的第一件事就是处理房琯的问题。在 756 年，房琯与叛军在陈陶、青坂打仗，结果战败了。后来又有人揭发房琯的门客董庭兰受贿，皇帝大怒，免了房琯宰相的职务。

　　这个董庭兰就是大家所熟悉的董大，是个有名的琴师，高适的一首《别董大》，更是让他天下闻名。

千里黄云白日曛，北风吹雁雪纷纷。
莫愁前路无知己，天下谁人不识君。

——高适《别董大》

043

杜甫和房琯是青年时就相交的朋友，他看到的是房琯**滔滔不绝**的言谈、收复国都的雄心，因此对房琯很钦佩，就上书替房琯说话。

杜甫是个正直的人，有啥说啥。他在皇帝面前说房琯的好话，皇帝气得要重罚杜甫，多亏宰相张镐等人求情才算了结。

但杜甫并没有从中吸取教训，今天给皇帝提个建议，明天又认为某件事应如何如何，弄得皇帝很烦，又不好说什么，因为那是人家杜甫职责所在。

后来皇帝给杜甫说，爱卿你也辛苦了，我给你放个探亲假，你回家看看你老婆孩子吧。

杜甫看别人没放假，就单独给自己特殊照顾，自然是明白皇帝不待见自己。但他也思念家人，于是就愉快地接受了，至此，他也就做了几个月的官。

不久，杜甫到了羌村，和家人团聚，他们已经一年多没见面了，那又惊又喜的场面，让人看了直流泪。

在羌村，杜甫创作了《羌村三首》，写了和家人的团聚及战乱年代人民的痛苦生活，我们选第三首来了解一下。

群鸡正乱叫，客至鸡斗争。
驱鸡上树木，始闻叩柴荆。
父老四五人，问我久远行。

第七章　心酸求职路

手中各有携，倾榼浊复清。

莫辞酒味薄，黍地无人耕。

兵戈既未息，儿童尽东征。

请为父老歌：艰难愧深情！

歌罢仰天叹，四座泪纵横。

——杜甫《羌村三首（其三）》

杜甫在诗中说："成群的鸡正在乱叫，客人来的时候它们还在争斗。把鸡赶到它们栖息的庭树上，这才听到有人在敲柴门。原来是四五个父老乡亲来慰问我，带的酒有清有浊。他们很不好意思，向我解释说孩子们都去打仗了，没人来种地，没有粮食连好酒也酿不出来，凑合着喝吧。我很感激父老乡亲的深情厚谊，就让我为你们唱首歌吧。唱完以后，我仰天长叹，天下什么时候才能**铸剑为犁**①，让人们都能过上好日子？乡亲们也深有感触，泪流不止。"

①铸剑为犁：销熔武器以制造务农器具。出自《孔子家语·致思》："铸剑习以为农器，放牛马于原薮，室家无离旷之思，千岁无战斗之患。"表达了祈求和平的思想。

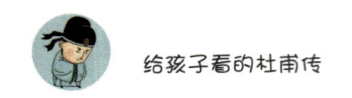

写完《羌村三首》之后不久，杜甫又创作完成了《北征》，这又是一首长诗，叙述了自己回家探亲的经过及安史之乱的相关情况，表达了对唐王朝的忠心和对人民的同情。

挥涕恋行在，道途犹恍惚。
乾坤含疮痍，忧虞何时毕？
靡靡逾阡陌，人烟眇萧瑟。
所遇多被伤，呻吟更流血。

——节选自杜甫《北征》

第八章
回洛阳看看

757年十月，经过不懈努力，唐军终于把叛军赶出了长安、洛阳。唐肃宗在手下人的**前呼后拥**下回到了长安，终于可以**堂堂正正**地当皇帝了。

杜甫听到消息，也带着老婆、孩子从羌村回到长安。

跟肃宗皇帝在凤翔同患难的文武官员都升职加薪了，虽然战争还在继续，但长安已开始了**歌舞升平**的生活。别的同事升职加薪，但杜甫原地没动，非但没加薪，肃宗皇帝连个笑脸也没给他，可见杜甫多么不受待见。

已到**不惑之年**①的杜甫还算识趣，没有总往肃宗皇帝身边凑，说话做事**小心翼翼**。当时王维、严武等都在长安，杜甫和他们交好，日子还算过得去。

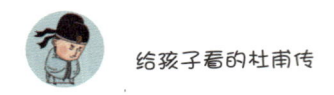

但是肃宗皇帝终究看杜甫不顺眼，不久，就把他赶出长安，让他去华州做了司功参军。

司功参军是个八品官，掌祭祀、礼乐、学校、选举、表疏、医筮、考课、丧葬等事，简言之官小事多。杜甫做事认真，每天累得像条狗。虽然累，但总算在做实事，杜甫还能忍着。

758 年年末，杜甫曾回洛阳看望那里的亲朋好友。经历战乱的洛阳，物是人非，杜甫眼前一片荒芜。

> 陛下有旨，让你去做司功参军。

> 皇帝生气，日子难过啊！

① 不惑之年：指四十岁。出自《论语·为政》："吾十有五而志于学，三十而立，四十而不惑，五十而知天命，六十而耳顺，七十而从心所欲，不逾矩。"这是孔子对于自己在不同阶段不同人生状态的自我评价。

第九章
归途所见

杜甫从洛阳返回华州的时候，形势发生了变化，原来投降唐朝的史思明又反叛了。史思明叛军和郭子仪率领的唐军在邺城作战，结果唐军大败，人马死伤无数。军队里人不够用怎么办？那就征兵呗，不愿意就抓，总之战争的结果就是老百姓遭殃。

杜甫在回去的路上，见到官吏们四处抓人的场面，看到老百姓的悲惨遭遇，他写下了著名的"三吏"——《新安吏》《石壕吏》《潼关吏》。我们来看看那首著名的《石壕吏》：

暮投石壕村，有吏夜捉人。老翁逾墙走，老妇出门看。
吏呼一何怒！妇啼一何苦。
听妇前致词：三男邺城戍。一男附书至，二男新战死。存者且偷生，死者长已矣！室中更无人，惟有乳下孙。有孙母未

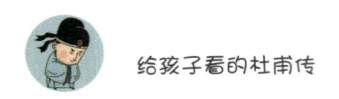

去，出入无完裙。老妪力虽衰，请从吏夜归。急应河阳役，犹得备晨炊。

夜久语声绝，如闻泣幽咽。天明登前途，独与老翁别。

——杜甫《石壕吏》

一天晚上，杜甫在石壕村住下，他住的这户人家有一对老夫妻和孙子及孙子的母亲，他们家的三个儿子都去军队打仗了，就驻守在邺城。半夜里，正在休息的杜甫听到敲门声，原来是官吏趁晚上人在家来抓兵当差。杜甫目睹了整个抓人的过程后，

> 快逃啊！他们又到处抓人当兵了！

> 救我！

第九章 归途所见

提笔写道："我晚上在石壕村住下，听到有人敲门，那老头立刻跳墙跑了，动作干净利索，**一气呵成**，显然是跑过多次了。他的老伴对官吏们说，他们家的三个儿子都去当兵了，刚刚传来消息，两个儿子已经为国牺牲，现在家里再也没有别的男人了，只有还在吃奶的孙子。因为有孙子在，他母亲还没有离去，但她进进出出连一件完整的衣服都没有。但大敌当前，老妇人说，她愿意去军队做饭，为国家尽自己的一份力。第二天，我离开时，只有那个老头和我告别。"

除了"三吏"，杜甫还写了"三别"——《新婚别》《垂老别》《无家别》。

杜甫的"三吏""三别"是对老百姓生活的真实写照，说明他已经完全把自己的视线转到底层人民的身上，写出了他们的心声。这也使得杜甫的诗不同于同时代其他诗人的诗，他的诗比其他诗人的诗思想更深刻，更加接近于现实。同时，他也开辟出诗的另一种风格——现实主义。

越是深入到底层人民中去，越能知道生活的本真，这也是杜诗思想深刻的根源。

回到华州之后，又遇到关中大旱，老百姓的日子更加难过，无数人**流离失所**，奔走呼号。眼见百姓受苦，自己**无能为力**，杜甫心想，罢了罢了，不如归去。带着对现实的失望，杜甫辞官而去。

第十章
陇右之行

老杜分析了一下当时的形势：长安是待不下去了，一是没收入，不走等着喝西北风啊？再有长安是帝都，房价高，米价高，且是叛军攻击的重点目标，也不安全。而老家洛阳现在是敌占区，是双方拉锯战的地带，去了小命可能不保。只剩下北方和西部可去。在西部的秦州，老杜有个本家侄子杜佐，经营了一个小农场，自己当个小地主，日子过得还不错，并且旧友赞公此时也在秦州，对，就去秦州。

确定好目标之后，老杜一家踏上了西征之路。说起来容易做起来难，秦州离长安很远，一路要**翻山越岭**，再加上老的老，小的小，其艰辛可想而知。

历经**千辛万苦**，老杜一家人终于到了秦州，找了一处简陋的房子暂且栖身。杜甫在秦州的侄子杜佐来看望他们，彼此关

第十章 陇右之行

系处得还不错。

即便有杜佐的接济，自己还会采药，可老杜的生活过得并不好，从他的一首诗中可见一斑。

> 翠柏苦犹食，晨霞高可餐。
> 世人共卤莽，吾道属艰难。
> 不爨①井晨冻，无衣床夜寒。
> 囊空恐羞涩，留得一钱看。
>
> ——杜甫《空囊》

注：①爨（cuàn），烧火做饭。

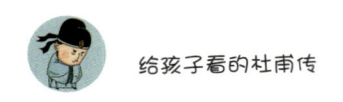

杜甫饿到即便是很苦的翠柏也要吃,连晨霞他也想吞到肚子里。他认为世人大多苟且偷生,而自己之所以过得如此艰难,是因为他坚持自己的道德操守。因为天太冷,井水都冻住了,他早晨做不了饭,晚上又因没有衣物而冻得直哆嗦。他怕袋中空无一文被人笑话,还是要留下一文钱来充数。

看来秦州并不是杜甫的乐土,在这里,他生活并不好过。因此他有了另寻它处的想法,树挪死,人挪活啊。就在他思考该去哪儿的时候,有位家在同谷的人向杜甫发出邀请,述说同谷如何之好,杜甫显然被说动了,由他的《发秦州》就可以清楚地看出来。

> 我衰更懒拙,生事不自谋。
> 无食问乐土,无衣思南州。
> 汉源十月交,天气凉如秋。
> 草木未黄落,况闻山水幽。
> 栗亭名更佳,下有良田畴。
> 充肠多薯蓣,崖蜜亦易求。
> 密竹复冬笋,清池可方舟。
> 虽伤旅寓远,庶遂平生游。
>
> ——节选自杜甫《发秦州》

第十章 陇右之行

杜甫说："我这个人身体衰弱，加上慵懒又笨拙，不能挣钱养家，没饭吃的时候就向往乐土，天冷没衣穿的时候就想去南方居住。汉源那个地方，到十月的时候天气还像秋天一样凉爽，草木的叶子还没有变黄落下，并且听说那里**山清水秀**，环境清幽。栗亭那个地方很不错，土地上盛产很多东西，薯蓣可以用来当饭吃，山崖上的蜜蜂和人相处得很好，蜂蜜很容易就能得到，茂密的竹林里还有新鲜的冬笋，清澈的湖水上还能划船。虽然离这儿比较远，但我正是个喜欢旅游的人啊，就当是一次游玩吧。"

在老杜看来，那里简直是**世外桃源**啊。

辞别了杜佐和赞公，带着美好的梦想，又是一番**舟车劳顿**之后，杜甫一家来到期望中的乐土。情况究竟是怎样呢？由他所作的《乾元中寓居同谷县作歌七首》可以知道个大概。

> 有客有客字子美，白头乱发垂过耳。
> 岁拾橡栗随狙公，天寒日暮山谷里。
> 中原无书归不得，手脚冻皴皮肉死。
> 呜呼一歌兮歌已哀，悲风为我从天来！
> ——杜甫《乾元中寓居同谷县作歌七首（其一）》

给孩子看的杜甫传

　　同谷有个从远方来的客人叫杜子美,他的花白头发散乱遮住了耳朵。大冷天,山谷里太阳下山了,他还跟在猿猴的后面捡些橡树籽磨成面粉来填饱肚子。尽管生活如此贫苦,但没有中原的消息也不能回去,他手脚的皮肉都冻坏了。于是他悲叹:"唉,老天啊,我唱起歌来悲伤不已,凄凉的风也为我而悲恸,仿佛为我从天上刮来。"

　　第二首诗写得更惨。

　　　　长镵长镵白木柄,我生托子以为命!
　　　　黄独无苗山雪盛,短衣数挽不掩胫。
　　　　此时与子空归来,男呻女吟四壁静。
　　　　呜呼二歌兮歌始放,闾里为我色惆怅!
　　　　　　　——杜甫《乾元中寓居同谷县作歌七首(其二)》

　　杜甫呼号道:"白木柄的长铲啊,我就靠你来救命了。山上的雪太大了,哪里才能找到黄独的苗,来拯救我的辘辘饥肠?难道是我身体又长了吗?否则衣服为什么怎么拉扯也盖不住小腿骨。我和你空手回去,家里的人饿得直哼哼。老天啊,谁来帮帮我,我唱起歌来,邻居们也为我难过。"

第十章　陇右之行

由这两首诗可以看出，杜甫一家在同谷几乎陷入了绝境，缺吃少穿，不知道当初邀请他来的人出于何种目的。这时的杜甫，只剩下一条路可走，那就是南下成都。

一是因为成都有杜甫的朋友，如裴冕、高适等；二是因为那里生活相对安定，没有遭遇叛乱；再有四川是著名的天府之国，物产丰富，不像在同谷，连黄独都不好找。

当时的杜甫只有选择离开，再在同谷待下去恐怕只有死路一条了。一家人收拾收拾，在一个黎明开始向成都进发。

第十一章
成都,我来了

同谷到成都有一千多里,用千里迢迢、**跋山涉水**来形容一点儿也不夸张。一家人翻越木皮岭,渡过嘉陵江,战战兢兢走过栈桥,爬过剑门关,其艰辛非亲身体验者不能描述。

有一句话说,**无限风光在险峰**。杜甫一路还是有收获的,起码是看了一路的好风景。而且杜甫写诗的习惯相当于写日记。他把自己沿途看到的风景写下来,在山水诗中又开辟出一块新天地,因为他诗中的景险峻、突兀,非寻常诗人所能见,**这也算**"无心插柳柳成荫"吧。

到了距离成都不远的鹿头山时,杜甫长出了一口气,因为他们已把群山甩在身后,前面是一望无际的大平原。在这儿,杜甫写了首《鹿头山》:

第十一章 成都，我来了

> 冀公柱石姿，论道邦国活。
>
> 斯人亦何幸，公镇逾岁月。
>
> ——节选自杜甫《鹿头山》

杜甫说："冀公您是国家的柱石，有定国安邦的大才。有您镇守在这儿，人们是多么幸运啊。"杜甫的言外之意是，我是来投奔您的，求照顾。

冀公就是裴冕，当时是成都尹兼西川节度使，是成都的军政首领，大权在握。杜甫到了人家的一亩三分地，自然要说些客套话，这点**人情世故**老杜还是懂的。事实上，裴冕确实给了杜甫不少的帮助。

759年年末，杜甫一行人终于到了成都。站在成都的街头，杜甫感慨不已，写下对成都的第一印象：

> 曾城填华屋，季冬树木苍。
>
> 喧然名都会，吹箫间笙簧。
>
> ——节选自杜甫《成都府》

城市里华屋林立，即使已经是寒冬腊月，树木依然茂盛苍翠。成都不愧是一座大城市，处处充溢着音乐声。这是杜甫对成都的第一印象——环境好，音乐氛围浓，还暖和。

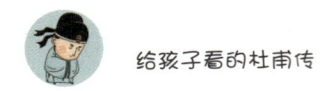

759 年杜甫 48 岁，这一年他四处奔波流浪，还差点儿饿死，不得已，才不远千里流落到成都。

现在，历尽千辛万苦，老杜来到了心目中的乐土。

成都会厚待这位**风尘仆仆**的远方来客吗？

第十二章
浣花草堂初建成

杜甫于 759 年年底到成都，一开始没地方住，只好住在庙里。所谓"在家靠父母，出门靠朋友"。在此期间，杜甫和以前的一些亲朋故交取得了联系。

到了 760 年春天，老杜开始思考建房的问题了，毕竟对中国人来说，房子是大事，不管做什么事，"安居"是前提。

成都自然是适合安居的，环境好，且繁华热闹。

在经过一番筛选、比较之后，老杜终于相中了一个清幽的地方。

浣花溪水水西头，主人为卜林塘幽。
已知出郭少尘事，更有澄江销客愁。

给孩子看的杜甫传

无数蜻蜓齐上下，一双鸂鶒①对沉浮。

东行万里堪乘兴，须向山阴上小舟。

——杜甫《卜居》

注：①鸂鶒（xī chì），水鸟名。

杜甫打算在浣花溪畔建他的居所，这里有树林、池塘，并且景色清幽。在这僻静的地方，没有那些零七碎八的琐事，也没有皇帝的白眼，清澈的江水可以让人暂时忘记想家的烦恼。这里还有无数蜻蜓在天地间飞翔，一对对紫鸳鸯同在溪水上出没。如果杜甫有兴致的话，还能顺流东行，或者坐着小船去旅游。

浣花溪也有来历。传说浣花夫人是唐代浣花溪边一个农家的女儿，她年轻的时候，有一天在溪畔洗衣，遇到一个遍体生疮的过路僧人跌进沟渠里，这个僧人脱下沾满了污泥的袈裟，请求她替他洗净。她欣然应允。当她在溪中洗涤僧袍的时候，溪中却漂浮起朵朵莲花来，霎时遍溪莲花泛于水面。浣花溪因此闻名。

这里不但自然环境美，还有动人的传说，确实是安居的好地方，老杜选到黄金地段了。

地址是选好了，但建房得有资金啊，钱不是万能的，没钱是万万不能的。老杜的人缘不错，这时表弟帮他解了**燃眉之急**，亲自给他送来了建房款。老杜无以为报，只好写诗相赠。

第十二章　浣花草堂初建成

> 客里何迁次，江边正寂寥。
> 肯来寻一老，愁破是今朝。
> 忧我营茅栋，携钱过野桥。
> 他乡唯表弟，还往莫辞遥。
> ——杜甫《王十五司马弟出郭相访兼遗营草堂资》

杜甫说："我正在为盖房子的事愁得在江边打转转呢，表弟你带着钱来看我，帮助我解决了这个大问题。还是表弟你好啊，以后你要经常来我这儿，不要嫌路途远啊。"

有了启动资金，茅屋工程有模有样地开始干了起来。但这时老杜**一穷二白**，真正是白手起家，不能只有房子，别的配套设施也得同步进行啊，没钱怎么办？那就靠才华！咱不是会写诗吗？

老杜把诗的功能发挥到了极致，啥都可以用诗来表达，可谓古今第一人。看看老杜都用诗要了什么吧。

> 草堂堑西无树林，非子谁复见幽心。
> 饱闻桤木三年大，与致溪边十亩阴。
> ——杜甫《凭何十一少府邕觅桤木栽》

何十一少府就是何邕，当时是利州绵谷尉，就是那种政府安排给老杜他给拒绝了的官职。老杜对他说："我草堂的西边啥也没种，我把那块地规划成了绿化区，凭咱哥俩的关系，还不快给我送些桤木来。桤木长得很快，几年就能长大，到那时溪边绿树成荫，既提高了绿化率，又美化了环境。"

看起来老杜还真是个搞设计的高手。

华轩蔼蔼他年到，绵竹亭亭出县高。
江上舍前无此物，幸分苍翠拂波涛。

——杜甫《从韦二明府续处觅绵竹》

韦二就是韦续，是老杜的好朋友，当时是绵竹县县令。老杜对他说："我有空的时候要去拜访你，但我现在忙着自己盖房子，分不开身。听说你那儿绵竹很不错，我这儿房前屋后还没有，有好东西要懂得分享哦，给我分享一些呗。"

奉乞桃栽一百根，春前为送浣花村。
河阳县里虽无数，濯锦江边未满园。

——杜甫《萧八明府实处觅桃栽》

"老弟，我正在浣花村搞绿化工程呢。你那里的桃树多得

第十二章　浣花草堂初建成

很，我这濯锦江边还没栽满呢，你抓紧时间派人给我送一百棵桃树来嘛，春前快递到浣花村，等你哟。"

草堂少花今欲栽，不问绿李与黄梅。
石笋街中却归去，果园坊里为求来。
——杜甫《诣徐卿觅果栽》

"我的草堂种的花还是有些少，不管是李树还是黄梅都可以，只要有，我来者不拒。"由这首诗看，老杜这次是亲自登门去讨要了。

\

落落出群非榉柳，青青不朽岂杨梅。
欲存老盖千年意，为觅霜根数寸栽。
——杜甫《凭韦少府班觅松树子栽》

老杜的这首诗最奇特，全诗没提一个"松"字，却在赞扬松树的品格好，不是榉柳、杨梅之流所能比的，言外之意就是他是具有松树般品质的人。至于写这诗的目的，题目已经很清楚了：我要栽松树，给我送苗来。

除了这些，老杜还看上人家的碗了。

> 大邑烧瓷轻且坚，扣如哀玉锦城传。
> 君家白碗胜霜雪，急送茅斋也可怜。
> ——杜甫《又于韦处乞大邑瓷碗》

韦就是当时的大邑县令韦班，因为之前向韦班要过松树苗，所以说"又"。老杜对人家说："你们大邑县的瓷烧得既轻盈又结实，轻轻一敲发出的声音像敲玉，整个成都都能听得见。你家的碗比霜雪还要白，赶快给我送些来吧，我急等着用它吃饭呢。"

> 成都，我老杜来啦！在家靠父母，出门靠朋友，老杜我东讨西要，承蒙各位亲友鼎力相助。终于把草堂建成了，多谢！

第十二章 浣花草堂初建成

不管怎样,在朋友的帮助下,草堂终于建成了,也意味着在一年多的奔走之后,老杜终于有居可安了,他的心情之愉悦是可想而知的。当然,诗是少不了的。

> 背郭堂成荫白茅,缘江路熟俯青郊。
> 桤林碍日吟风叶,笼竹和烟滴露梢。
> 暂止飞乌将数子,频来语燕定新巢。
> 旁人错比扬雄宅,懒惰无心作解嘲。
>
> ——杜甫《堂成》

"我家草堂建在锦江边上,全用白茅盖成,经济又环保,远离城市,属田园风格。从草堂眺望郊野满眼青翠,周围是我种的桤树,遮住了阳光,处处浓荫,微风吹动树叶,露水滴下的声音都能听到。现在周围有乌鸦带着小乌鸦们飞来飞去,也有燕子来这儿筑巢,他们的眼光和我一样好,知道这是风水宝地。有的人把草堂比成扬雄的草玄堂,我可不那么认为,我是懒惰之人,也不想学扬雄写《解嘲》那样的文章。"

由此可见老杜对草堂很喜欢,也很自得。

老杜不会想到,多年之后,他**东拼西凑**建起来的草堂,成了天下闻名的旅游胜地,成了蜀中人的骄傲。

第十三章
中国好邻居

草堂建成标志着老杜成了当地的正式居民,那么邻里关系就是他要面对的一个重要问题。那老杜和邻居们相处得怎么样呢?

老杜的南邻是一位姓朱的隐士,他是怎样的人呢?

> 锦里先生乌角巾,园收芋栗未全贫。
> 惯看宾客儿童喜,得食阶除鸟雀驯。
> 秋水才深四五尺,野航恰受两三人。
> 白沙翠竹江村暮,相对柴门月色新。
>
> ——杜甫《南邻》

第十三章　中国好邻居

> 老朱啊！
> 我又来找你喝酒聊天啦！

　　从诗中可以看出，这位南邻生活条件不算富足，但朋友多，有爱心，经常撒些东西给鸟儿吃，很受鸟儿的欢迎。他为人很热情，很欢迎老杜的到来。

　　南邻朱山人热情好客，老杜能好意思不多来几次吗？瞧瞧，老杜又到南邻家来了。

相近竹参差，相过人不知。
幽花欹满树，小水细通池。
归客村非远，残樽席更移。
看君多道气，从此数追随。

——杜甫《过南邻朱山人水亭》

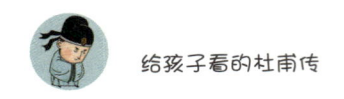

南邻和老杜脾性相投，相处和睦，并且看起来老杜对他还有几分敬佩，是个不错的邻居。北邻怎样呢？

明府岂辞满，藏身方告劳。
青钱买野竹，白帻岸江皋。
爱酒晋山简，能诗何水曹。
时来访老疾，步屧到蓬蒿。

——杜甫《北邻》

北邻是位退休的县令，离开官场后隐居在这里，他像晋代的山简一样爱喝酒，听说老杜生病了，穿着草鞋就来家里看望老杜了。

别的不说，只要爱喝酒，就能和杜甫成为朋友。

请叫我社交达人

乡村的人大都朴实，有了东西喜欢分享给别人，这不，老杜的一位邻居给他送来了红樱桃。

第十三章　中国好邻居

西蜀樱桃也自红，野人相赠满筠笼。
数回细写愁仍破，万颗匀圆讶许同。
忆昨赐沾门下省，退朝擎出大明宫。
金盘玉箸无消息，此日尝新任转蓬。

——杜甫《野人送朱樱》

村农以满篮新鲜樱桃相赠，足见老杜与邻里相处融洽。可是老杜寓居蜀地，山野之人送来的小小樱桃，唤起了他记忆中的另一个时空："回想当年我在京城的时候，皇帝赐给我的樱桃，那是无上的荣耀，我是用双手把它擎出皇宫的。唉！那样的日子早已离我远去，现在又尝到新鲜的樱桃，我已如同蓬草漂泊天涯了。"这首诗表达了老杜那种既与劳动群众友善，又对朝廷忠诚不渝的复杂感情。

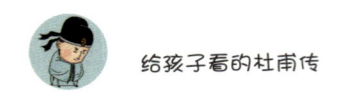

老杜有时还会和邻里搞个小聚会。

> 寒食江村路，风花高下飞。
> 汀烟轻冉冉，竹日静晖晖。
> 田父要皆去，邻家闹不违。
> 地偏相识尽，鸡犬亦忘归。
>
> ——杜甫《寒食》

寒食节[①]的时候，江村路上的风把花吹得上下乱飞。薄雾如轻烟般升起，落日的余晖斜照在竹林上。田父邀请邻居们都去他家，这里人都相识，就连鸡狗都混得很熟，忘了回自己的家。

看来这里不存在邻里纠纷的问题啊，大家都相处得很愉悦。

①寒食节：在夏历冬至后105日，清明节前一二日。这个节日禁烟火，只吃冷食，并在后世的发展中逐渐增加了祭扫、踏青、秋千、蹴鞠、牵勾、斗鸡等风俗。寒食节绵延两千余年，曾被称为中国民间第一大祭日，现已基本与"清明节"融合。

第十四章
老杜在成都的朋友圈

老杜在成都待的时间不足四年,但来往的朋友有五十多位。老杜用诗记录了自己交往的朋友,我们看看那些年老杜发的朋友圈。

> 幽栖地僻经过少,老病人扶再拜难。
> 岂有文章惊海内?漫劳车马驻江干。
> 竟日淹留佳客坐,百年粗粝腐儒餐。
> 不嫌野外无供给,乘兴还来看药栏。
> ——杜甫《宾至》

"我这里地处荒郊野外,来的人很少,没想到您竟然来了,真让我惶恐啊。我年老多病,需要孩子搀扶就不多施礼了,请您担待。我的文章哪有什么天下闻名？全靠大家捧场给我面子。劳驾您从远处来看我，您的车马停在江边，让我很感慨。您身份尊贵，竟不嫌弃我这破草房而停留一天，真让我这里**蓬荜生辉**①。我这个人没钱没能耐，只能用**粗茶淡饭**招待您。您要是不嫌弃这绿色蔬菜，就请多吃点。我的小园里芍药花开得很不错，您如果愿意，希望能常来。"

从老杜发的这条信息可以看出，他对客人的到来很感激，言语很客气，因家里穷，他为没有好饭好菜招待客人而感到惭愧。

这位客人是徐知道，是当时成都的一位实权人物。老杜盖草堂的时候还曾经向人家求助过。他这次来，一是看看老杜的草堂，再有就是老杜有些名气，而老杜的好朋友严武是当时成都的最高长官，因此徐知道想结交老杜这个朋友。

需要说的是，后来徐知道在严武离开后，发动了兵变，而老杜当时正在去送严武的路上，徐知道的行为害得老杜有家不能回。

①蓬荜（bì）生辉：形容贵客来访令主人感到增光不少。蓬荜，编蓬草、荆竹为门，形容穷苦人家。多用作宾客来到家里，或题赠诗文字画等表示感谢的客套话，是自谦之词，不能用于形容别人的家。

第十四章　老杜在成都的朋友圈

患气经时久，临江卜宅新。
喧卑方避俗，疏快颇宜人。
有客过茅宇，呼儿正葛巾。
自锄稀菜甲，小摘为情亲。

——杜甫《有客》

老杜刚在江边建好自己的小别墅，就有人来拜访他。他让孩子帮自己穿戴整齐，好去迎接客人，让客人尝尝他种的新鲜蔬菜味道怎么样。

这位朋友是谁，老杜没介绍，但看起来挺亲密的。

看来老杜的人缘真心不错，刚建好新居就有朋友来拜访，真让人羡慕。不久又有朋友来了。

舍南舍北皆春水，但见群鸥日日来。
花径不曾缘客扫，蓬门今始为君开。
盘飧市远无兼味，樽酒家贫只旧醅。
肯与邻翁相对饮，隔篱呼取尽余杯。

——杜甫《客至》

老杜还特地在题后自注"喜崔明府相过"。

可以看出，老杜发的这一条朋友圈格外走心，先说自己家的环境十分秀丽可爱，再写一向紧闭的家门，今天才第一次为

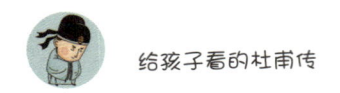

你崔明府打开，这得让崔明府多么**受宠若惊**。又写菜肴很简单，买不起名贵的酒，只好用家酿的陈酒，请随便饮用吧。既热情又语含惭愧，让客人听了很亲切。后来可能是喝酒喝高兴了，老杜高声呼喊着，把邻居也叫来吧，一起喝。

明府是对县令的美称，崔明府这个待遇够高的，前面两位只吃了些粗茶淡饭，而他既有酒喝，还邀请邻居来陪，老杜这是拿他当贵宾对待啊。

和老杜同时期，有位画家韦偃也在成都居住，和老杜来往颇多，两人彼此欣赏。有一天，韦偃要离开成都，来和杜甫告别。两个好朋友自是**难分难舍**，为了寄托思念，老杜请韦偃在自己家墙上画马留念。韦偃**一挥而就**，在墙上画了两匹马。老杜为此写了一首诗：

第十四章 老杜在成都的朋友圈

韦侯别我有所适，知我怜君画无敌。
戏拈秃笔扫骅骝，欻见麒麟出东壁。
一匹龁草一匹嘶，坐看千里当霜蹄。
时危安得真致此？与人同生亦同死！

——杜甫《题壁上韦偃画马歌》

老杜看着画中的马，产生了遐思：画中一匹马正在低头吃草，另一匹马却昂首长嘶，像这样四蹄可以践踏霜雪的良马，毫无疑问是可以日行千里，并能承担重任的。国家处于危急存亡之时，能到哪里去寻找像画中一样的千里马，同英勇的人们同生共死、匡济时危呢？！老杜随时不忘忧国忧民、感世伤时啊！

除了朋友来访，有时候老杜也受邀外出赴宴。一天，在成都的花敬定邀请老杜去他家里做客。

先来看一下花敬定的官方档案：花敬定，成都尹崔光远的部属。761年，梓州刺史段子璋叛乱。花敬定奉命率军攻打段子璋并斩杀之。但花敬定居功自傲，竟纵兵抢劫百姓，造成恶劣影响。

可以看出，花敬定**桀骜不驯**、**目无法纪**，为人凶残。为此，他的顶头上司崔光远还被革了职，不知崔光远的心理阴影有多大。

锦城丝管日纷纷，半入江风半入云。
此曲只应天上有，人间能得几回闻？

——杜甫《赠花卿》

后世很多人认为，这首诗表面上赞叹花敬定所赏音乐的美妙，但仔细体味，其中是含有讽刺意思的。"天上"，实际上指天子所居皇宫；"人间"，指皇宫之外。在中国封建社会里，礼仪制度极为严格，即使音乐，亦有异常分明的等级界限。花敬定目无朝廷，僭用天子音乐，杜甫赠诗予以委婉的讽刺。

> 这可为难老夫了！这梨园艺人是专门为皇上表演的，花敬定这不明摆着以下犯上吗？搞不好，要丢脑袋的，必须谨慎行事。小心驶得万年船啊！

花宴

> 杜兄，请！

除了这些，老杜经常和朋友互动，其中不乏名句，如"蝉声集古寺，鸟影度寒塘""寺忆新游处，桥怜再渡时。江山如有待，花柳更无私""此时对雪遥相忆，送客逢春可自由"等。

第十五章
老杜好兄弟之高适

老杜之所以千里迢迢来到四川，一个重要原因就是投奔朋友，他在四川的朋友主要有裴冕、高适、严武。裴冕在老杜到四川的第二年三月份就调回长安了，他在四川的好朋友就剩下高适和严武了。高适当时是彭州刺史，严武是巴州刺史。

高适是老杜在游齐赵和梁宋时认识的，"昔者与高李，晚登单父台"就是说的那时候的事。严武是老杜在长安时结交的，他们都是房琯的朋友，关系很密切。

759年年末，老杜一家来到成都，住在浣花溪旁的草堂寺，高适正在彭州当刺史，离成都不远，知道老杜到了成都，马上写了一首诗：

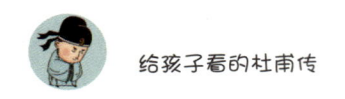

> 传道招提客，诗书自讨论。
> 佛香时入院，僧饭屡过门。
> 听法还应难，寻经剩欲翻。
> 草玄今已毕，此外复何言。
>
> ——高适《赠杜二拾遗》

这是高适调侃朋友的话，意思是听说你在草堂寺里还讨论诗书，又能受到佛法的熏陶，有僧人送饭，你的小日子过得不错啊。你的水平已经那么高了，今后还会写些什么呢？

高适当时只知道老杜来到成都，至于老杜具体情况怎样，他并不知情。如果他知道老杜差点饿死冻死，应该就不会这么幽默了。

初到异地他乡，最渴望的就是联系熟悉的人，消除陌生感。老杜赶紧给高适回了一首诗：

> 古寺僧牢落，空房客寓居。
> 故人供禄米，邻舍与园蔬。
> 双树容听法，三车肯载书。
> 草玄吾岂敢，赋或似相如。
>
> ——杜甫《酬高使君相赠》

第十五章　老杜好兄弟之高适

> 〈 杜甫
>
> 12:01
>
> 最近过得还挺好啊　高适
>
> 18:20
>
> ❗ 怎么不回我？　高适
>
> 对方开启了好友验证，你还不是他好友，请先发送好友验证请求。
>
> ❗ 🙂　高适

"我暂时在这空房子住着，有朋友、邻居们给我送来了米和菜，我没有白吃寺院的饭，我也没写草玄，但相信我的诗赋还是写得不错的。"估计老杜潜台词是，我的米和菜都是别人送的，我自己没钱买。

也许高适以为老杜在跟他开玩笑，也许他有更要紧的事在忙，总之高适在经济方面没给老杜提供帮助。老杜沉不住气了，毕竟饿肚子的滋味不好受啊，于是，也不遮遮掩掩了，听说崔五御史要去彭州，就让他带给高适一封求助信：

> 百年已过半，秋至转饥寒。
> 为问彭州牧，何时救急难？
> ——杜甫《因崔五侍御寄高彭州一绝》

"我已经年过半百，到了秋天，肚子咕咕直叫，饿得受不了。高适老哥，什么时候帮我解决一下眼下的困难？"写得这么直白，高适终于懂了，收到诗后，很快就带着钱和米来看老杜了。

760 年秋，高适调任蜀州刺史，老杜写了一首诗给他：

> 当代论才子，如公复几人。
> 骅骝开道路，鹰隼出风尘。
> 行色秋将晚，交情老更亲。
> 天涯喜相见，披豁对吾真。
> ——杜甫《奉简高三十五使君》

"论才气，当今有几个人能比得上你。你现在身居高位，仕途顺利，真为你高兴。匆匆赶路，已是晚秋，与老友的交情，愈到了老年愈觉亲密。在这边远的蜀地与你相见，我非常高兴。我们的友情是真挚的，彼此之间坦诚相见，是真正的好朋友。"这是老杜的真心实意，他乡遇故知本就是人生四大喜[①]之一。

年底，正过年的老杜收到了高适寄来的诗：

第十五章 老杜好兄弟之高适

> 人日题诗寄草堂,遥怜故人思故乡。
> 柳条弄色不忍见,梅花满枝空断肠。
> 身在远藩无所预,心怀百忧复千虑。
> 今年人日空相忆,明年人日知何处。
> 一卧东山三十春,岂知书剑老风尘。
> 龙钟还忝二千石,愧尔东西南北人。
>
> ——高适《人日寄杜二拾遗》

这是高适写得非常好的一首诗,情真意切,是他历尽沧桑、远离家乡的真实情感的抒发,全诗贵在"真情"二字,写出了一个在外游子的心声。尤其是在过年的这特殊时候,这首诗引起了远在天涯、忧国忧民的杜甫的共鸣。

好朋友就是这样,虽然我长时间没见你,但我懂你!

761年十月,崔光远被部下花敬定牵连,花敬定居功自大,劫掠百姓,而崔光远因制止不力被撤职。朝廷派严武为成都尹,

---

①人生四大喜:指久旱逢甘雨,他乡遇故知,洞房花烛夜,金榜题名时。与之相对应的还有人生四大悲,即少年丧父母,中年丧配偶,老年丧独子,少子无良师。

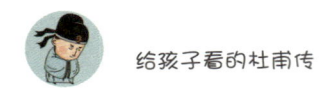

兼剑南节度使。762 年七月，严武被召回京。随后，朝廷命高适接替严武，任成都尹、剑南节度使。朋友升职加薪，老杜也替他高兴，就写诗给王抡，托他请高适一块来草堂坐坐。

老夫卧稳朝慵起，白屋寒多暖始开。
江鹳巧当幽径浴，邻鸡还过短墙来。
绣衣屡许携家酝，皂盖能忘折野梅？
戏假霜威促山简，须成一醉习池回。

——杜甫
《王十七侍御抡许携酒至草堂奉寄此诗便请邀高三十五使君同到》

> 高哥，兄弟恭喜你升职加薪啦！

第十五章 老杜好兄弟之高适

这首诗题目看着是不是头晕？其实不难理解，就是王抡曾许诺带酒到草堂来和老杜一起喝，于是老杜写诗托他邀请高适一起来。

王抡收到老杜的诗后，很快就邀请高适一块儿来到草堂看望老杜，当然酒是没少带，朋友相聚，喝酒写诗，侃山吹牛，玩得不亦乐乎。

763年十月，吐蕃侵四川，高适组织军队抵抗，但因指挥不力，导致松州、维州、保州等地被吐蕃攻陷。这几处都是战略要地，被占领之后，整个大西南就处于吐蕃的威胁之下了。于是，皇帝很不高兴，把高适调回长安，再次任命严武为成都尹、剑南节度使。

严武果然是个猛人，来了之后，**调兵遣将**，没过多久就夺回了失陷的地方。

听说高适回了长安，老杜就写了一首诗安慰好朋友：

> 汶上相逢年颇多，飞腾无那故人何。
> 总戎楚蜀应全未，方驾曹刘不啻过。
> 今日朝廷须汲黯，中原将帅忆廉颇。
> 天涯春色催迟暮，别泪遥添锦水波。
>
> ——杜甫《奉寄高常侍》

对于高适的离开，老杜是真心舍不得。现在朋友被调走，总不能再指责他的过失，抱怨他的失策，也只有安慰安慰他，独自伤心了。

给孩子看的杜甫传

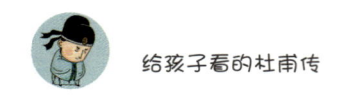

回长安时间不长，765年，高适离世。

> 归朝不相见，蜀使忽传亡。
> 虚历金华省，何殊地下郎。
> 致君丹槛折，哭友白云长。
> 独步诗名在，只令故旧伤。
>
> ——杜甫《闻高常侍亡》

"自从你回长安，我们再也没能见面，从来蜀地的人那里才知道你竟然已经去世。你一生立下赫赫功业，你的去世是国家的损失。现在你的诗名在广泛流传，无人能赶得上，留给我的只是独自伤悲。"

高适在唐朝诗人中算是过得很不错的一个。尽管他年轻时也很穷，甚至靠种地为生。但安史之乱是高适人生的转折点，他辅佐皇帝，精明强干，在事业上一度**飞黄腾达**。

杜甫和高适，这对年轻时相交的朋友，在年老时还能在远离家乡的地方相对饮酒，赋诗闲聊，这是多大的幸事啊！

朋友一生，如此何憾？

第十六章
老杜好兄弟之严武

说起老杜的朋友,很多人第一反应可能是李白、高适、岑参①等。他们当然是老杜的好朋友,但和老杜关系最密切的却另有其人,这个人就是严武。

举个例子,老杜崇拜李白,给他写了十几首诗,由此可见两人关系确实不错。但你可能不知道的是,老杜给严武写的诗竟有近三十首,妥妥的铁哥们。

> ①岑参(约715年—770年):唐代著名边塞诗人,长于七言歌行,擅写边塞风光、军旅生活。风格与高适相近,所以后人把他和高适并称"高岑"。他曾任嘉州(今四川乐山)刺史,故世称岑嘉州。代表作有《白雪歌送武判官归京》《逢入京使》等。

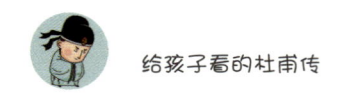

他们成为"老铁"是有原因的。老杜比严武大 14 岁,和严武的父亲严挺之是好朋友,两家是世交。他们同朝为官,曾经是同事,又都和房琯是好朋友,都曾因房琯被贬官,严武被贬为巴州刺史,老杜被贬为华州司功参军。再加上他们都喜好诗文,兴趣相投,成为朋友是**自然而然**的事。

762 年春天,严武来到成都任职。不久,他就给老杜写诗,邀请老杜来与自己一聚,实则是希望老杜来自己的幕府当幕僚。

> 漫向江头把钓竿,懒眠沙草爱风湍。
> 莫倚善题鹦鹉赋,何须不著鹔鹴①冠。
> 腹中书籍幽时晒,时后医方静处看。
> 兴发会能驰骏马,终当直到使君滩。
> ——严武《寄题杜二锦江野亭》

注:①鹔鹴(jùn yì),一种鸟。

老杜收到诗自是很高兴,自己的朋友是当地首领,自己也就很有依靠。但他这时已不想做官了,于是给严武回了一首诗:

> 拾遗曾奏数行书,懒性从来水竹居。
> 奉引滥骑沙苑马,幽栖真钓锦江鱼。
> 谢安不倦登临费,阮籍焉知礼法疏。

第十六章 老杜好兄弟之严武

枉沐旌麾出城府，草茅无径欲教锄。

——杜甫《奉酬严公寄题野亭之作》

"谢谢兄弟你的好意，我过去做官性情耿直，因为替房琯辩护被贬官，现在我觉得生活挺好的，可以睡懒觉，去江边钓鱼。我性格疏懒，和阮籍②一样不被世俗所容。你像东晋谢安一样喜欢游山玩水，我这儿就很不错。如果你能来，我会专门为你开出一条小路，欢迎你的到来。"

收到老杜的诗，严武果然来了，带了一队人马，浩浩荡荡直奔浣花溪。到了草堂之后，两人把酒谈诗，非常亲密。

元戎小队出郊坰，问柳寻花到野亭。
川合东西瞻使节，地分南北任流萍。
扁舟不独如张翰，皂帽还应似管宁。
寂寞江天云雾里，何人道有少微星？

——杜甫《严中丞枉驾见过》

②阮籍（210年—263年）：字嗣宗，三国时期魏国诗人。就是前文里用"青白眼"看人的那位先生。曾任步兵校尉，世称阮步兵。他与嵇康、山涛、刘伶、王戎、向秀、阮咸并称为"竹林七贤"。有《阮籍集》。

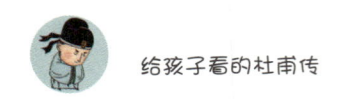

"你带着人来到荒郊野外,一路打听找到我的草堂。你是掌管东西两川的最高领导,我就像是到处漂浮的萍草,就像张翰、管宁一样隐居在乡野之间。在这茫茫的天地间,又有谁还知道我的存在呢?"

后来严武又邀请老杜外出做官,老杜又拒绝了。

> 严武,你真是我的老铁啊!大恩不言谢,人生得你一知己,老夫足矣!

> 杜兄,现在成都我说了算,做官不?我顶你。

严武到成都后,和老杜来往密切,他有空闲就到草堂来,带着酒,有时还带着菜,两人或在草堂,或在竹林,或在江边,边喝边聊,谈诗论文,讲古评今,逍遥自在。

第十六章　老杜好兄弟之严武

严武在成都时，老杜生活上有保障，心理上也很有安全感。但好日子总是过得那么快，762年四月，唐代宗继位。俗话说，一朝天子一朝臣，朝廷要重用严武，把他从成都调回皇帝身边。到成都还没多长时间，严武就不得不走了。

老杜一方面为朋友高兴，另一方面也很失落，毕竟靠山走了，他的日子也没那么好过了。

严武回京，老杜自然要相送。别人送送就回去了，而老杜送得可真实在，从成都一直送到绵州，可见二人情谊之深长。在绵州的奉济驿，与严武洒泪而别，老杜写下一首诗：

> 远送从此别，青山空复情。
> 几时杯重把？昨夜月同行。
> 列郡讴歌惜，三朝出入荣。
> 江村独归处，寂寞养残生。
> ——杜甫《奉济驿重送严公四韵》

唐朝的送别诗有很多，并且有很多流传千古的名句，比如：杜甫的好朋友李白曾写过"桃花潭水深千尺，不及汪伦送我情"，还有他的《黄鹤楼送孟浩然之广陵》让他的偶像孟浩然又火了一把，李白可以说是送别诗大师了；杜甫的另一个好朋友高适，用"莫愁前路无知己，天下谁人不识君"就让天下人都知道了董庭兰；王维的《送元二使安西》中"劝君更尽一杯酒，西出

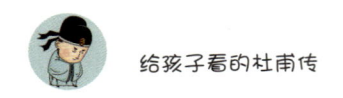

阳关无故人"更是写出了离别人的心声，王维的这首诗，长期居大唐金曲榜榜首；王勃的《送杜少府之任蜀州》中"海内存知己，天涯若比邻"一联，不仅捧红了杜少府，也让自己吸粉无数，尤其是男女青年粉丝。

杜甫的这首送别诗没那些诗句有名气，但写得其实更为真切。那些诗或忧伤，或豪迈，或乐观，但杜甫的这首诗情谊更胜一筹，贵在"情深"。不管是青山的"空复情"，还是昨夜的月下同行，都能看出杜甫的不舍之情。而最后一联则是在描述严武走后自己的日子，"独""寂寞"两词岂是用忧伤的意思所能表达的？那是发自内心的痛苦啊！

梁启超称杜甫为"情圣"，这个评价是**恰如其分**的。

送走了严武，老杜却回不去了，因为徐知道反了。徐知道是成都少尹兼侍御史，本来是严武副手，就是成都二把手，看到严武走了，没人能约束自己，于是派兵占领剑门关，阻碍了进出四川的通道。

杜甫没办法，只好去了梓州（今四川三台县），后来直接把家人接来，因为在成都没了依靠，加上蜀中又乱，老杜准备顺江东下回老家洛阳。

就在老杜准备实施计划的时候，徐知道在8月被其下属所杀，叛乱随即平息。764年底，传来严武再次被任命为剑南节度使的消息，老杜很兴奋，决定回成都，他当时写下一首诗：

第十六章　老杜好兄弟之严武

殊方又喜故人来，重镇还须济世才。
常怪偏裨终日待，不知旌节隔年回。
欲辞巴徼啼莺合，远下荆门去鹢催。
身老时危思会面，一生襟抱向谁开。

——杜甫《奉待严大夫》

回到成都后，严武又邀请老杜去幕府当参谋，这次老杜不好再拒绝了，那样就显得不通人情了。在幕府，老杜没有辜负严武的期望，给严武提了很多好的建议。六月，严武推荐老杜为检校工部员外郎，赐绯鱼袋。就是没有正式编制，属编外人员，但发给工资，赐绯鱼袋是一种荣誉称号。因此，也有人称老杜为杜工部。

在严武的幕府好是好，但幕府的生活很严格。早上天不亮就去，晚上天黑才回家，有事只能请假。老杜性情疏懒，自由散漫，**无拘无束**才是他想要的生活，他对这种生活不太习惯。再加上严武对他好，却让他遭到同事们的嫉妒、中伤，于是他萌生了离开的念头。《宿府》就是这一时期他内心的写照：

清秋幕府井梧寒，独宿江城蜡炬残。
永夜角声悲自语，中天月色好谁看？
风尘荏苒音书绝，关塞萧条行路难。
已忍伶俜十年事，强移栖息一枝安。

——杜甫《宿府》

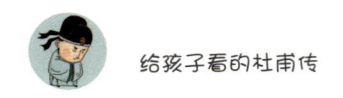

"秋风吹过,井边的那棵梧桐瑟瑟抖动,蜡烛的残光里只有一个孤单的我。号角声于长夜里吹响,像在悲壮自语,天空中的月色虽好,但谁能与我共赏这优美月光?时间过得飞快,我该去哪里寻觅亲人音信?边塞也不安全,回家的路是那么漫长。十多年来,我**形单影只**,四处漂泊,在这里不过是暂且安家罢了。"

后来,老杜还是离开了严武的幕府,回到了草堂,看来还是自己家舒服。

老杜回家之后写了首《奉寄严公》的诗,其中有两句:

把酒宜深酌,题诗好细论。

——节选自杜甫《奉寄严公》

杜甫对严武说:"啥时候来我这儿,咱们再一块儿谈诗论文,不醉不归。"可是严武再也没能来,一场急病之后,他去了另一个世界。

素幔随流水,归舟返旧京。
老亲如宿昔,部曲异平生。
风送蛟龙雨,天长骠骑营。
一哀三峡暮,遗后见君情。

——杜甫《哭严仆射(pú yè)归榇》

第十六章　老杜好兄弟之严武

"一哀三峡暮，遗后见君情。"这是多么痛彻心扉的哭诉啊。"你走了，世上再没有像你一样对我好的人了。没有你的世界，也没有了颜色。"

严武走了，但他们的友谊却活在老杜的记忆里，活在他不朽的诗篇里。

斯人虽去，情谊永存。

第十七章
老杜的春游小记

正值**春暖花开**之际，美景怡人，老杜可不是宅男，他是不会辜负这大好春光的。穿戴整齐之后，他沿着锦江优哉游哉地漫步，边走边欣赏美景。

看到江边**繁花似锦**，春意萌动，老杜很高兴，于是诗性也涌动起来。

> 江上被花恼不彻，无处告诉只颠狂。
> 走觅南邻爱酒伴，经旬出饮独空床。
>
> ——杜甫《江畔独步寻花 （其一）》

老杜，你可真够傲娇的，明明喜欢花，却说"被花恼"；明明很享受这样的春色，却说被花搞得癫狂。老杜想找自己的酒

第十七章　老杜的春游小记

> 春景如此多娇，引诗人竞折腰，老杜我要在这姹紫嫣红的春光里放飞自我，我想飞得更远。

友喝一杯，却想不到酒友十天前就出去找地方喝酒了。

没有找到酒友的老杜有些小郁闷，一个人沿着锦江漫步，江水荡荡，东风轻拂，让人**心旷神怡**。江边百花盛开，**姹紫嫣红**，这又触动了老杜的诗情。

稠花乱蕊畏江滨，行步欹危实怕春。
诗酒尚堪驱使在，未须料理白头人。

——杜甫《江畔独步寻花（其二）》

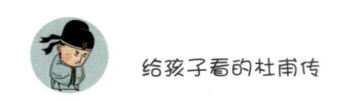

老杜啊，你又调皮了，喜欢春天就说喜欢呗，却要说"怕春"！好吧，你是文豪，你说啥就是啥吧。

> 江深竹静两三家，多事红花映白花。
> 报答春光知有处，应须美酒送生涯。
> ——杜甫《江畔独步寻花（其三）》

老杜终于承认喜欢这春天的美景了。欣赏着春光，沐浴着春风，酌一杯小酒，那情景，光是想想老杜就觉得美滋滋。

> 东望少城花满烟，百花高楼更可怜。
> 谁能载酒开金盏，唤取佳人舞绣筵。
> ——杜甫《江畔独步寻花（其四）》

老杜向东望少城，心想，那里的鲜花定会像烟花一样吧，高高的百花酒楼更是可爱。如果能有人携酒邀请我前往畅饮，并且唤来美人在宴席上唱歌跳舞助兴，那该是多么高兴的事啊。

> 黄师塔前江水东，春光懒困倚微风。
> 桃花一簇开无主，可爱深红爱浅红？
> ——杜甫《江畔独步寻花（其五）》

第十七章 老杜的春游小记

老杜啊，我看还是你可爱，明明是你自己"懒困"，干吗赖在春光身上？

> 黄四娘家花满蹊，千朵万朵压枝低。
> 留连戏蝶时时舞，自在娇莺恰恰啼。
> ——杜甫《江畔独步寻花（其六）》

黄四娘家花开得很茂盛，把小路都遮住了，万千花朵把枝条压得离地很近。一些蝴蝶在花间不停地飞舞，**自由自在**的黄莺恰恰鸣啼。

> 不是爱花即肯死，只恐花尽老相催。
> 繁枝容易纷纷落，嫩蕊商量细细开。
> ——杜甫《江畔独步寻花（其七）》

老杜，难得有心情欣赏这大好春色，怎么想起了花落人老的伤心事？

老杜，且让嫩蕊商量细细开的问题，前面还有很多美景，你继续慢慢走，慢慢赏。

第十八章
在杜甫草堂的小日子

　　金窝银窝，不如自己的狗窝。公元 759 年，刚到成都，老杜终于完全放松下来。连续一年多的奔波、挨饿、担惊受怕已使他**疲惫不堪**。现在他有了可居之所，且环境美，邻里和谐，也有朋友来访，这就是他所向往的田园般的生活。

　　这时的老杜**心满意足**，喝小酒，赋小诗，赏美景，还不时有朋友来谈诗论文，带来米和钱，他自己又能栽药种树，这小日子过得比陶渊明还要悠闲很多。看看他写的诗：

> 清江一曲抱村流，长夏江村事事幽。
> 自去自来梁上燕，相亲相近水中鸥。
> 老妻画纸为棋局，稚子敲针作钓钩。

第十八章　在杜甫草堂的小日子

但有故人供禄米，微躯此外更何求？

——杜甫《江村》

江水清清，环绕着村庄缓缓流过，夏日里村中的一切都显得幽雅。看吧，新建的草堂刚刚落成，就有顽皮的小燕子轻快地飞过来又飞过去。没有人去理会它们，可是它们自在地玩得那么开心，真像活泼的小孩子一样。水中的白鸥相亲相近，相伴相随，它们一定是一对相亲相爱的情侣。在这样美好的景致中，老杜的妻子正在用纸画一张棋盘，原来她是要和老杜下棋。小儿子敲打着针做一只鱼钩。只要有老朋友给予一些钱米，我还有什么奢求呢？

不止夏日，春天的风景这么美，老杜肯定也是会多写几首诗的。

去郭轩楹敞，无村眺望赊。
澄江平少岸，幽树晚多花。
细雨鱼儿出，微风燕子斜。
城中十万户，此地两三家。

——杜甫《水槛遣心二首（其一）》

给孩子看的杜甫传

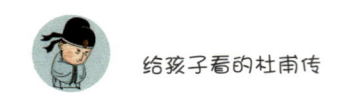

"细雨鱼儿出,微风燕子斜。"这是历来传诵的名句。鱼儿在毛毛细雨中摇曳着身躯,喷吐着水泡儿,欢欣地游到水面来了。燕子轻柔的躯体,在微风的吹拂下,倾斜着掠过水蒙蒙的天空。老杜如此细致地描绘了微风细雨中鱼和燕子的动态,可见老杜的心情之愉悦啊。

如果可以,他真想长期住下去,在这儿,当个农民就很不错哦。

锦里烟尘外,江村八九家。
圆荷浮小叶,细麦落轻花。
卜宅从兹老,为农去国赊。
远惭勾漏令,不得问丹砂。

——杜甫《为农》

此时天下不太平,到处打仗,成都是个例外。老杜住的地方在郊区,只有八九户人家,祥和平静。这里环境美,水中的圆荷长出了细小的叶子,田里的小麦落下了轻花,简直就是世外桃源啊。因此老杜只想在这里住下从此终老,耕田劳作远离长安。他很惭愧自己不能像葛洪那般,抛弃一切世俗求仙问药。

761年春,老杜来浣花溪草堂居住已经一年多了,他栽树种菜,与农为友,小日子过得优哉游哉的,一场春雨又让他**喜不自胜**。

第十八章 在杜甫草堂的小日子

好雨知时节,当春乃发生。
随风潜入夜,润物细无声。
野径云俱黑,江船火独明。
晓看红湿处,花重锦官城。

——杜甫《春夜喜雨》

又是"喜",又是"好",老杜好像是第一次看见春雨似的,由此可见他心情的舒畅,一场雨就能让他**浮想联翩**:"这雨好像很通人性啊,在需要它的时候说来就来了。在夜里伴着微风,

> 春雨贵如油,但愿今夜多来点"油",我的花草,我的青菜,不用再浇水啦!省点时间、力气,多写几首诗,甚好,甚好!

给孩子看的杜甫传

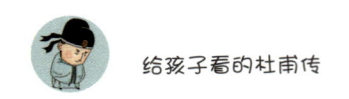

悄无声息地滋润着大地万物。田间小路被浓浓的乌云笼罩着，点点渔火在江面上一闪一闪的，显得格外明亮。我想明天的锦官城，一定处处都有带着雨水的鲜花娇艳盛开，成都将是繁花满城。"

看到一场春雨老杜就如此兴奋，那看到如大海般汹涌的江水他会怎样呢？

为人性僻耽佳句，语不惊人死不休。
老去诗篇浑漫与，春来花鸟莫深愁。
新添水槛供垂钓，故着浮槎替入舟。
焉得思如陶谢手，令渠述作与同游。

——杜甫《江上值水如海势聊短述》

老杜望着江水"如海势"，于是思绪纷飞："我这个人性情古怪，喜欢细细琢磨，苦苦寻觅好的诗句，诗句的语言达不到惊人的地步，我就决不罢休。但年龄越来越大，写诗随便应付，看着春天的花鸟，没有了'为赋新词强说愁'的想法。在江边新装了木栏，我可以悠然地垂钓。我又备了一只小木筏，可以出入江河。如果有陶渊明、谢灵运[1]这样的人相伴，我们一起写诗畅谈，一起漫游于江海之上，那就更好了。"

当老杜看见自家门前桃树长大，遮断了路，他会怎么做呢？

第十八章　在杜甫草堂的小日子

小径升堂旧不斜，五株桃树亦从遮。
高秋总馈贫人食，来岁还舒满眼花。
帘户每宜通乳燕，儿童莫信打慈鸦。
寡妻群盗非今日，天下车书正一家。

——杜甫《题桃树》

"我家房前的小路本来是不斜的，只是桃树长大了，把它遮住了而已，可别以为我懒哦，我只是不想把树枝折断罢了。桃树是最实惠的，秋天有可口的果实，春天的花又养眼，所以我们要爱护它。同样也要爱护鸟儿，打开门窗让燕子自由来去，小朋友们也不要打讲仁义的乌鸦，乌鸦反哺其母是值得学习的。动乱的日子已是过去式，大唐正在复兴，让我们为了一个共同的梦想努力吧。"

①谢灵运(385年—433年)：原名公义，字灵运，南北朝著名诗人。其诗与颜延之齐名，并称"颜谢"，是第一位全力创作山水诗的诗人。曾说："魏晋以来，天下的文学之才共有一石(一种容量单位，一石等于十斗)，其中曹子建(即曹植，'七步成诗'的主角) 独占八斗，我得一斗，其他的人共分一斗。"这就是成语"才高八斗"的出处。

给孩子看的杜甫传

其实老杜把草堂风光写得最美的还是下面这首诗,大家应该都很熟悉吧。

两个黄鹂鸣翠柳,一行白鹭上青天。
窗含西岭千秋雪,门泊东吴万里船。

——杜甫《绝句(其三)》

草堂外的柳树上两只黄鹂鸟在欢唱,志向远大的一行白鹭则飞上蓝天。老杜坐在草堂内,看见西岭山顶的积雪像一幅画一样呈现在窗子上,门外的万里桥边正停泊着从万里之外的东吴来的船。

这首诗写于764年春,当时蜀中徐知道叛乱,老杜不得不在梓州住了一段时间,后来听说好兄弟严武重新回到四川当了一

第十八章 在杜甫草堂的小日子

把手,这才回到了草堂。面对生机勃勃的美景,老杜心里爽,就写了这首诗。

这时的老杜处于一生中难得的好时光,他悠闲自在、心情舒畅,端坐在自己的江边茅屋里,端着小酒杯,优哉游哉地过着自己的小日子。

如果能穿越回这时的大唐,你会见到一个**神清气爽**、**精神抖擞**的老杜。看着他温和的笑容,也许你会**情不自禁**地和他打招呼:"嘿,老杜!"

第十九章
论诗,老杜有发言权

在成都草堂时,别以为老杜除了栽树种菜、喝酒吟诗,就无所事事了。作为诗坛大咖,老杜密切地关注着唐朝诗坛的一举一动。

"路曼曼其修远兮,吾将上下而求索。"任重而道远啊,我这个诗坛老人有责任、有义务,抛砖引玉,为唐朝诗坛添砖加瓦,共建唐诗盛世啊!

第十九章 论诗，老杜有发言权

南北朝的齐、梁诗风对初唐文学影响较大。齐、梁诗风重形式轻内容，往往语言艳丽、声律动听，但内容萎靡，因此初唐也**大行其道**，**靡靡之音**盛行。

针对这种情况，陈子昂第一个说"不"，他一人单挑初唐诗坛，用慷慨悲凉的诗风拉开了盛唐诗的序幕。

随后，王勃、杨炯、卢照邻、骆宾王出手了，后人觉得他们势单力薄，就为其组了个团，称作"初唐四杰"。他们联手向萎靡的诗风发起进攻，提倡刚健骨气，为大唐文学健康发展奠定了基础，开创了唐诗的新局面。

虽然南北朝文学有其不足，但它优美的文字、和谐的声律对中国文学也做出了贡献，不能全盘否定。但当时一些浅薄的诗人，竟要全盘否定南北朝文学，并把攻击的矛头指向庾信和初唐四杰。如何评价他们，是当时诗坛上争论的焦点。

关于这种情况，老杜有话说，看看他的发言——《戏为六绝句》：

庾信文章老更成，凌云健笔意纵横。
今人嗤点流传赋，不觉前贤畏后生。

——杜甫《戏为六绝句（其一）》

"庾信的文章到了老年就更加成熟了，他的笔力高超雄健，文思如泉涌，文笔**挥洒自如**。现在有的人却嗤笑他流传下来的文章，你们没搞错吧，你们的做法才让人笑掉大牙。如果庾信

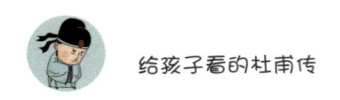

还活着，他恐怕也会觉得你们这些'后生可畏'了。"老杜喜欢庾信的文章是确定无疑了，在《春日忆李白》里还曾说"清新庾开府"，以此来称赞大哥李白的诗和庾信的一样清新。"不觉前贤畏后生"这句大家可不要当真，这是正话反说，真实的意思是庾信对这些后生的话不会放在心上，只会嗤之以鼻。

这种方法在修辞上称为"反语"。就像你考试不及格，回到家，你爸妈看着你的成绩说，你考得可真"出众"啊！就是这意思。

> 王杨卢骆当时体，轻薄为文哂未休。
> 尔曹身与名俱灭，不废江河万古流。
> ——杜甫《戏为六绝句（其二）》

"'初唐四杰'的诗的水平在当时是最高的，你们这些家伙还嘲笑人家，告诉你们真实的情况吧，当你们的肉体和名气都消失的时候，四杰却会像长江黄河一样万古流芳。"四杰确实是万古长流了。

> 纵使卢王操翰墨，劣于汉魏近风骚。
> 龙文虎脊皆君驭，历块过都见尔曹。
> ——杜甫《戏为六绝句（其三）》

第十九章　论诗，老杜有发言权

"即使就按你们所说的，四杰的诗比不上汉魏的诗歌而接近《诗经》《楚辞》，但起码他们的诗语言瑰丽，能经得起时间的考验，比你们强得太多了。"

才力应难跨数公，凡今谁是出群雄？
或看翡翠兰苕上，未掣鲸鱼碧海中。
——杜甫《戏为六绝句（其四）》

"你们谁的成就能赶上四杰，你们所作的浓丽纤巧的诗文，就像是翡翠飞翔在兰苕之上，没有气度，哪有像鲸划破大海的那种宏大气魄和刚健的气势？"老杜这个比喻很形象，让人清楚了四杰和其他人诗风的不同之处，大师就是大师！

不薄今人爱古人，清词丽句必为邻。
窃攀屈宋宜方驾，恐与齐梁作后尘。
——杜甫《戏为六绝句（其五）》

"学诗既要学习古人但也不能鄙薄像四杰这样的今人，要学习他们的清词丽句，这是他们的长处。如果你们推崇屈原、宋玉，应当有和他们一样的精神和才力，否则就会步上齐、梁时期轻浮艳丽诗风的后尘。""不薄今人爱古人"，这句话说得太好了，不管对古人还是今人，都应该有合理的评价，学习他们的优点，才能不断进步。

未及前贤更勿疑，递相祖述复先谁？
别裁伪体亲风雅，转益多师是汝师！

——杜甫《戏为六绝句（其六）》

"那些肤浅的人与前贤相比差老远了，这是**毋庸置疑**的。我们要做的就是继承前人，学习他们的优秀传统。应该区别和淘汰那些形式、内容都不好的诗，学习《诗经》风雅的优良传统，多方面寻找老师，这才是你们需要去做的。"

敲黑板，总结一下本节课重点内容：第一，赞扬、肯定了庾信及"四杰"五位同志；第二，指出既要爱古人又要爱今人；第三，强调要善于学习别人的长处。

杜老师讲得太好了：第一，杜甫讲的这几点，起到了灯塔的作用，为当时迷失的大唐诗坛指引了方向；第二，杜甫"以诗论诗"的形式开了诗评的先河，且一直被模仿，从未被超越。

第二十章
游武侯祠、琴台

到了成都的第二年春天,老杜在家宅不住了,他要外出逛逛,看一看成都的**名胜古迹**。成都是历史文化名城,可去的地方自然很多,但有一个地方,是老杜最想去的,那就是武侯祠。

武侯祠是供奉诸葛亮的地方。诸葛亮不仅是老杜的偶像,也是全国人民的偶像,用当下时髦的话说他就是大家的"男神"。

老杜不但游览了武侯祠,瞻仰了诸葛亮像,而且留下了一首妇孺皆知的大作:

丞相祠堂何处寻?锦官城外柏森森。
映阶碧草自春色,隔叶黄鹂空好音。

给孩子看的杜甫传

咔嚓

武侯祠。
见男神——诸葛亮去咯。

三顾频烦天下计，两朝开济老臣心。
出师未捷身先死，长使英雄泪满襟。

——杜甫《蜀相》

丞相的祠堂在哪儿呢？老杜寻寻觅觅，终于在成都城外翠柏森森的地方找到了。台阶上草色青青，显得很是多情，树上的黄鹂鸟不时送出优美的歌声。见此情景，老杜不禁感慨："当年先主**三顾茅庐**①请你出山，多次向你求教天下大事，这才有了天下三分的局面。你辅佐两代君王，一直赤胆忠心。可惜你出师还没

第二十章 游武侯祠、琴台

有取得最后的胜利却不幸病死在五丈原,你的事迹常使古今英雄感慨而泪满衣襟。"

从这首诗中可以看出,老杜对蜀相的敬仰犹如滔滔江水连绵不绝。如果不是发自内心的崇拜,是不可能写出这样的诗句的,每句都是名言啊。

这首诗我小时候就读过,尽管当时不全明白诗句的含义,但读起来朗朗上口,铿锵有力,就觉得非常喜欢,自然而然地就背了下来。这也许就是好诗的魅力——我不懂你,但我喜欢你。

最让人泪目的也许是最后两句——出师未捷身先死,长使英雄泪满襟。在这世间想做成事实在是太难了,往往在付出艰苦努力之后,结果却非所愿,这两句诗引发了太多人的共鸣。

诸葛亮是国人所敬仰的对象,纪念他的地方自然不止这一处,老杜也不止一次表达对自己偶像的顶礼膜拜。

766年,老杜流寓夔州时,多次到当地的武侯庙去缅怀这位大神,曾写下:

①三顾茅庐:又名三顾草庐(顾:拜访;茅庐:草屋),出自《三国志》,讲的是刘备三请诸葛亮出山的故事。当然,《三国演义》里面也具体地讲述了这个故事。这个词现在常用来比喻真心诚意,一再邀请、拜访有专长的贤人。

给孩子看的杜甫传

> 遗庙丹青落，空山草木长。
> 犹闻辞后主，不复卧南阳。
>
> ——杜甫《武侯庙》

由于年代久远，武侯庙中的壁画早已脱落，白帝山一片空寂，只有草木青青，生长茂盛。诸葛亮辞别后主即将出师的声音，仿佛还在耳边，但他功成身退，还想回到南阳的愿望却不能实现了。

诸葛亮在出师伐魏时曾先后两次写过《出师表》②，嘱托刘禅要亲近贤臣，远离小人。可是刘禅没听进去，反而听信宦官的话，甚至怀疑诸葛亮，这也是北伐失败的一个原因。

刘禅果然是扶不起的阿斗，难道是当年被他老爸刘备摔坏了脑子？——当年刘备打不过曹操，被人家在屁股后面撵得到处跑，连老婆孩子都被困在了曹操营中，多亏大将赵云冲进曹营，大战长坂坡，杀了个七进七出，才救出了阿斗。刘备看到

② 《出师表》：诸葛亮在北伐前给后主刘禅上书的表文，阐述了北伐的必要性以及对后主刘禅治国寄予的期望，深沉地表现了诸葛亮的一片忠心。

第二十章 游武侯祠、琴台

赵云浑身是血,为了收买人心,把阿斗往地上一扔,说:"为了你,险折我一大将。"

还是这个阿斗,蜀国灭亡后被抓到洛阳,仍然过着安逸的日子。有人问他,是洛阳好还是蜀国好,你思念蜀国吗?阿斗高兴地说:"此间乐,不思蜀。"由此,还留下了个成语——**乐不思蜀**。

岁月悠悠,往事随风而散,但诸葛亮那赤胆忠诚的话语,在老杜听来,仍隔空有声。

主公,我把阿斗给您救回来了!

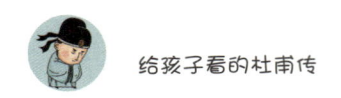

同一时期，同样在夔州，老杜还写了《八阵图③》：

功盖三分国，名成八阵图。
江流石不转，遗恨失吞吴。

——杜甫《八阵图》

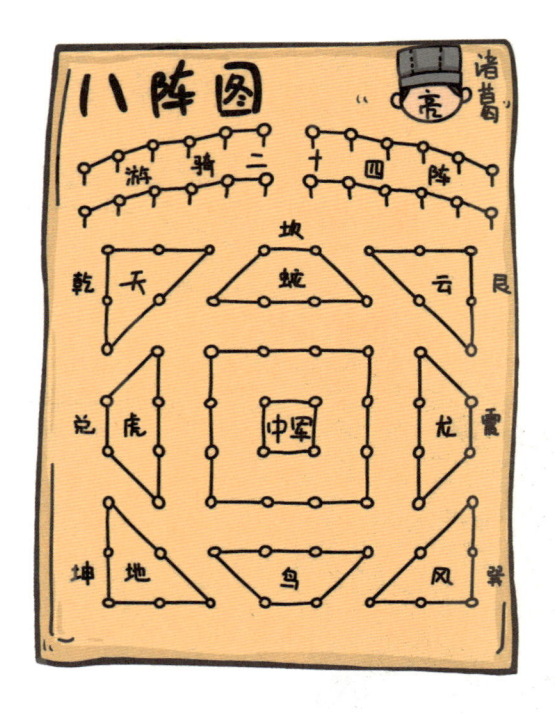

③八阵图：由诸葛亮推演兵法而创设的一种阵法。即由八种阵势组成的图形，用来操练军队或作战。

第二十章 游武侯祠、琴台

之所以能出现三国鼎立的局面,诸葛亮的功劳最大。他创制的八阵图,更是名扬千古。令人遗憾的是,刘备失策,妄想吞并吴国,遭到惨败,打乱了诸葛亮的全盘计划。

据说刘备失败后逃回白帝城,蜀军经过八阵图时**安然无恙**。但后面吴国大将陆逊带人赶到时,发现八阵图里云雾缭绕、飞沙走石,似有大军埋伏,不敢再追赶刘备。

这虽只是个传说,但足以看出人们对诸葛亮的敬佩之情。

再说回成都。成都是老杜崇拜的大才子司马相如的故乡,从前在那里有一座琴台,据说还有一个美丽的故事:

司马相如喜欢卓文君,于是找机会跑到卓家弹了一曲《凤求凰》,其实就是追求卓文君。卓文君听懂了他的弦外之音,她也很欣赏司马相如,想和他结为夫妻。但卓文君父亲不同意,卓文君就和司马相如偷偷私奔了。回到成都司马相如的老家后,卓文君明白了什么叫**家徒四壁**,按现在的标准司马相如家就是绝对的扶贫对象。

在老家活不下去,两人就又回到卓文君老家临邛,开了个酒店,搞起了餐饮,卓文君卖酒,司马相如洗酒器。卓文君的父亲是当地第一富豪,觉得很丢人,就给了他们很多钱,于是两口子回到成都过上了好日子。

好日子过久了,人就容易得意。司马相如后来受到汉武帝的重用,有了钱,就想再娶一个女子。卓文君很愤怒,但她毕

给孩子看的杜甫传

竟是有文化的人，不可能像泼妇一样大吵大闹。她给司马相如写了一首诗《白头吟》，其中有一句人们非常熟悉的句子——"愿得一心人，白头不相离。"司马相如看后很感动，此后两个人相守一生。

司马相如既有才，又有故事，作为他的崇拜者，老杜登上了琴台，临风远眺，遐思千里，在此写下《琴台》：

茂陵多病后，尚爱卓文君。
酒肆人间世，琴台日暮云。
野花留宝靥，蔓草见罗裙。
归凤求凰意，寥寥不复闻。

——杜甫《琴台》

120

第二十章　游武侯祠、琴台

　　司马相如老了的时候，依然爱恋着卓文君，真是让人羡慕啊。司马相如年轻时家里穷，曾靠卖酒为生，但因有卓文君相伴，过得非常幸福。老杜在琴台之上徘徊，远望碧空白云，想起司马相如和卓文君的幸福生活，心中羡慕万分。看到琴台旁的一丛野花，他觉得它就像卓文君当年的笑容；一丛丛碧绿的蔓草，就如同卓文君当年所穿的碧罗裙。只是这样传奇的故事，后来就听不到了。

　　老杜的羡慕之情可谓溢于言表啊。

　　武侯祠、琴台之游，老杜收获满满。

第二十一章
永远的家国情怀

　　浣花溪畔，风景如画；草堂内外，高朋常来。虽然老杜的小日子过得平静满足，但对国家的忧虑、对家乡的思念，他何曾放下过？

　　760年，老杜刚刚在草堂安居下来，心里很满足。但当时叛军史思明降而又反，洛阳也再次被攻占。内乱未平，外面吐蕃又对唐朝**虎视眈眈**，这种现实，让老杜内心无法平静。一日，他走出草堂，在浣花溪畔，面对美景，写下《野老》：

野老篱前江岸回，柴门不正逐江开。
渔人网集澄潭下，贾客船随返照来。
长路关心悲剑阁，片云何意傍琴台。

第二十一章 永远的家国情怀

王师未报收东郡，城阙秋生画角哀。

——杜甫《野老》

"我家的柴门歪歪斜斜的，却正好对着大江，竹篱茅舍，景色不错，我沿着江边散步，看到打鱼的人正在百花潭下网，一些商船带着夕阳停靠在岸边。景色虽美，但我却又想到回家的路程遥远，不知何时才能回去，我就像一片浮云飘到这里，滞留蜀中。还没有收到国家收复洛阳的消息，成都城头却传来凄凉的画角声，不知又有什么不好的消息。"自己刚有地方住，能吃饱穿暖，又关心国家大事，杜甫简直为国家操碎了心。

760年春，老杜盖好草堂，过了一段安稳的生活。761年八月，成都先是刮了一场大风，然后大雨接踵而至，老杜的草堂能经受住考验吗？看看老杜写的《茅屋为秋风所破歌》，带你重回一千多年前的那个雨夜。

八月秋高风怒号，卷我屋上三重茅。茅飞渡江洒江郊，高者挂罥长林梢，下者飘转沉塘坳。

南村群童欺我老无力，忍能对面为盗贼。公然抱茅入竹去，唇焦口燥呼不得，归来倚杖自叹息。

俄顷风定云墨色，秋天漠漠向昏黑。布衾多年冷似铁，娇儿恶卧踏里裂。床头屋漏无干处，雨脚如麻未断绝。自经丧乱少睡眠，长夜沾湿何由彻！

给孩子看的杜甫传

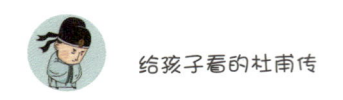

安得广厦千万间，大庇天下寒士俱欢颜！风雨不动安如山。呜呼！何时眼前突兀见此屋，吾庐独破受冻死亦足！

——杜甫《茅屋为秋风所破歌》

"糟糕的是大风把我的茅屋吹坏了，更糟糕的是一群熊孩子把茅草抱他们自己家去了，还有更更糟糕的事——接着便下雨了，屋漏无处可避。可即便是这样，如果天下贫苦的读书人都能住在宽敞明亮的房子里，不受风雨之苦，我即便是冻死、饿死也**心甘情愿**。"这就是老杜，心里想的永远是别人，是这个国家，宁愿苦了自己一个，也要幸福千万家。

> 我老杜此生心愿唯如此：得广厦千万间，大庇天下寒士俱欢颜，风雨不动安如山。

第二十一章 永远的家国情怀

这也是大家称老杜为"诗圣"的原因。

诗人的心往往是敏感的,尤其是老杜这种爱国思家的人,看到北飞的大雁,更不会**无动于衷**。

> 东来万里客,乱定几年归?
> 肠断江城雁,高高向北飞。
>
> ——杜甫《归雁》

"我因战乱来到万里之遥的成都,现在安禄山那帮家伙已经被收拾了,我什么时候才能回去呢?最让我伤心的是,连那大雁都往我家的方向飞呢。"看到大雁北飞容易勾起思乡之情,那么看到别的景物呢?

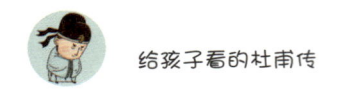

> 迟日江山丽，春风花草香。
> 泥融飞燕子，沙暖睡鸳鸯。
> ——杜甫《绝句二首（其一）》

春天来了，江山沐浴着春光，多么秀丽，春风送来花草的清香。天气和暖，小燕子们飞来飞去，在忙着衔泥筑巢，一对对鸳鸯懒洋洋地在沙滩上睡得正香。

> 江碧鸟逾白，山青花欲燃。
> 今春看又过，何日是归年？
> ——杜甫《绝句二首（其二）》

碧绿的江水把鸟儿的羽毛映衬得更加洁白，山色青翠欲滴，红艳的野花似乎将要燃烧起来。见此怡人风光，老杜却想，今年春天眼看着又要过去了，什么时候我才能返回故乡呢？

764年，远在梓州的老杜听说好朋友严武重新回到成都当了最高长官，立马回到成都草堂。这年暮春时候，他登楼远望，写下《登楼》：

> 花近高楼伤客心，万方多难此登临。
> 锦江春色来天地，玉垒浮云变古今。

第二十一章　永远的家国情怀

北极朝廷终不改，西山寇盗莫相侵。

可怜后主还祠庙，日暮聊为梁甫吟。

——杜甫《登楼》

"远离家乡的我登楼看见似锦繁花却忍不住伤心，因为此时国家正**多灾多难**。锦江两岸的春色从天地间蓬勃展开，而现在的国家形势，就像玉垒山上的浮云，变化不定。但我们的唐王朝就像北极星一样是不会动摇的，那周边小国还想侵犯我国，不要做你们的春秋大梦了！看到人们竟然还给那个扶不起的阿斗修了祠庙，我真是无语了，黄昏时候我姑且吟诵那《梁甫吟》吧。"

国家多灾多难，老杜却报国无门，只有写诗聊以抒怀，心中之苦，唯自己知。

第二十二章
暂住梓州

居住在四川期间，老杜还曾在梓州待过一段时间。

事实上，杜甫在梓州居住，准确说是滞留在梓州，以及在梓州和阆州（今四川阆中）前后待了一年零九个月，最后又回到成都，都跟严武的工作调动有关。

公元762年七月，严武调回长安，杜甫去送别。一般的人十里长亭相送，饮酒后拱手而别，道一声"兄弟一路顺风，后会有期"，完成送别仪式；有才的人，再赋一首送别诗，表达依依不舍之情。

老杜和他们不一样，他是真送，一程又一程，一不小心送到了离成都三百多里外的绵州，然后才作诗洒泪而别。送走严武后，老杜想回成都却回不去了，因为徐知道造反，派兵占领了剑门关，老杜和家人被分割在了绵州和成都两地。

第二十二章　暂住梓州

> 严大哥，一切尽在不言中，干了这杯酒，后会有期，珍重！

友..... 不舍.....

在绵州住了几天之后，他听说李瑀在梓州，他们相识，曾经有过交往，老杜就想去投奔李瑀。但他不知道李瑀是否愿意接受他，于是先写了封信探探口风。

西汉亲王子，成都老客星。
百年双白鬓，一别五秋萤。

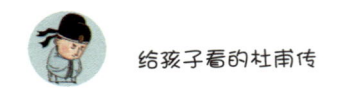

> 忍断杯中物，祇看座右铭。
> 不能随皂盖，自醉逐浮萍。
>
> ——杜甫《戏题寄上汉中王三首（其一）》

"您汉中王是皇帝的亲王子，我是来自成都的老客星，咱哥俩年龄加一块儿一百多岁了，都已两鬓斑白，自从长安一别已经五年了。我本想去找你喝几杯酒，没想到你已经戒酒了，每天看着座右铭提醒自己。不能追随你到处饮酒实在是遗憾，那就让我像浮萍一样自饮自醉吧。"

这诗前四句和李瑀攀交情，引起李瑀对往事的回忆，然后用幽默的语言，试探他能不能在此时收留自己，可谓收放自如。其实这首诗大白话就是，我想去你那儿，你同意吗？

还好李瑀是个讲交情的人，欣然邀请老杜前来居住，于是老杜就在梓州暂时住了下来。

闲来无事，听说附近牛头山上寺院很有名气，老杜也慕名前往。

> 青山意不尽，衮衮上牛头。
> 无复能拘碍，真成浪出游。
> 花浓春寺静，竹细野池幽。
> 何处莺啼切，移时独未休。
>
> ——杜甫《上牛头寺》

第二十二章 暂住梓州

牛头山上层峦叠嶂，老杜一步步走上山去。这里没有什么能束缚住他，他想怎样就怎样。到了寺中，花香浓郁，寺院寂静，野池边细竹丛丛，环境极为优雅。这时，黄莺婉转的啼叫不知从哪儿传来，声音悦耳，很长时间也没停下。好一幅优美的登山图景！

和家人分隔两地，老杜心里很不安，连觉也睡不好，他写的《客夜》就反映了他当时的心情。

客睡何曾著，秋天不肯明。
卷帘残月影，高枕远江声。
计拙无衣食，途穷仗友生。
老妻书数纸，应悉未归情。

——杜甫《客夜》

"我这个客居梓州的人怎么也睡不着，秋天的夜这么漫长，长久不肯天明。我卷起窗帘，看到的是残月的影子，头放在枕头上又听到远远传来江水声。我是个没本事的人，要靠朋友才能活下去。收到妻子的来信，她应该知道了我没有回去的原因。"

老杜惦念着妻子，也牵挂着孩子，那天是小儿子宗武生日，因孩子不在身边，那就自己给孩子写首诗吧。

给孩子看的杜甫传

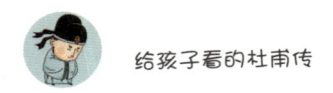

> 小子何时见，高秋此日生。
> 自从都邑语，已伴老夫名。
> 诗是吾家事，人传世上情。
> 熟精文选理，休觅彩衣轻。
> 凋瘵筵初秩，欹斜坐不成。
> 流霞分片片，涓滴就徐倾。
>
> ——杜甫《宗武生日》

"你这小家伙是什么时候来到这世上的呢？高秋的今天正是你的生日啊。自从我写过思念你的诗，你就沾了老爸的光，伴

宗武，我的幺儿，今天是你的生日，老爹我遥祝你生日快乐！爱你哟！

第二十二章　暂住梓州

着我的名字你也被人知道了。人们以为我给你写诗只是世间寻常的父子情，其实诗是我家祖辈相传的事业，别人家谁也比不了，所以你要继续发扬。你要熟读精研《文选》，不要效仿年老时还用穿彩衣的方式来逗父母开心，那太儿戏了。我生病了，仍然为你的生日祝福，我侧着身子斜靠在椅子上，慢慢倒酒自饮。然而我身体不好不能多喝，但毕竟是你的生日，那就缓缓干杯吧！"

字里行间满是对儿子的爱和叮咛。老杜很喜欢他这个小儿子，写过不少的诗夸奖他，逢人就夸。

> 〈朋友圈
>
> 老杜
>
> 杜甫
> 宝贝儿，生日快乐。♥
>
> 2分钟前
>
> 高适：可爱
> 严武：虎父无犬子！

763 年正月，身在梓州的老杜听到了一个**振奋人心**的消息：唐军打败安史叛军，收复了洛阳等广大地区，贼头史朝义自杀，历时近八年的安史之乱终于结束了。这个天大的好消息令老杜**喜不自胜**，一首旷世之作也随口而出。

> 剑外忽传收蓟北，初闻涕泪满衣裳。
> 却看妻子愁何在，漫卷诗书喜欲狂。
> 白日放歌须纵酒，青春作伴好还乡。
> 即从巴峡穿巫峡，便下襄阳向洛阳。
>
> ——杜甫《闻官军收河南河北》

"剑外忽然传来收复蓟北的消息，我刚刚听到时泪水沾满了衣裳。回头看老婆孩子一个个**欣喜若狂**，胡乱地卷起诗书，没有了一点儿忧伤的样子。今天是个好日子，太阳当头照，花儿对我笑，我要放声高歌，痛饮美酒，趁着明媚春光与妻儿一同返回家乡。我将路线都设计好了，就从巴峡穿过巫峡，经过襄阳后直奔洛阳。"

这应该是老杜多年来最高兴的一次，这是发自肺腑的**酣畅淋漓**的兴奋，可以说他每一个毛孔都流露着愉悦的气息。

764 年初春，杜甫带着妻儿，准备从阆州沿着嘉陵江至渝州（重庆）东下。正要起身时，严武又被任命为成都尹兼剑南节度使，于是杜甫放弃既定的行程，又回到成都，直到严武去世。

第二十三章
再见，成都

老杜当初之所以来到成都，一是因为战乱，混不下去了，二是因为成都有他的朋友，可以有所依靠。只是朋友裴冕、高适先后回了长安，他的朋友只剩下严武。但**天有不测风云**，765年四月，严武因一场急病去世，年仅40岁，英年早逝，令人痛惜。

严武的去世也就意味着老杜在成都没了依靠，加上他思家心切，五月，老杜带着一家人离开成都。临走前，他写下《去蜀》：

五载客蜀郡，一年居梓州。
如何关塞阻，转作潇湘游。
世事已黄发，残生随白鸥。
安危大臣在，不必泪长流。

——杜甫《去蜀》

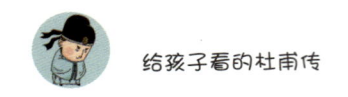

"不知不觉间，我在成都已经待了五年时间，其中有一年是在梓州度过的。因为回家的路上交通阻塞，所以我要辗转经潇湘（湖南）回去。世事变化很大，我年纪也不小了，残余的年月只能像白鸥一样居无定所了。国家大事就由那些在其位的人去管吧，我就不要瞎操心了。"此时的老杜依然心系着国家的安危，为国流泪。其爱国之情，让人赞叹。

带着对国家的担忧、对成都的不舍，老杜踏上了行船。

如果老杜能在美妙的音乐陪伴下，顺江而下，欣赏着两岸的景色，把这当作一次长江自驾游，未尝不是一件乐事。但事实是既无音乐，更无心情，看看老杜的一篇旅游日记：

> 细草微风岸，危樯独夜舟。
> 星垂平野阔，月涌大江流。
> 名岂文章著，官应老病休。
> 飘飘何所似，天地一沙鸥。
>
> ——杜甫《旅夜书怀》

"微风轻轻地吹动细草，在岸边只停着我一艘桅杆高悬的船。广阔的原野上，星星好像垂到了地上，江水流动，水中明月随波涌动。我有点儿名声，哪里是因为我的文章好呢？做官，倒应该因为年老多病而退休。现在的我，就像是飞在天地间的一只沙鸥，孤苦无依。"

第二十三章 再见，成都

这又是一首句句是名言的诗，但字字是泪，声声哀叹，真是心疼老杜。

在夔州以西的云安县（今重庆市云阳县），老杜因身体不适，在那儿住了一段时间。云安环境不错，但这留不住他思归的心。

> 峡里云安县，江楼翼瓦齐。
> 两边山木合，终日子规啼。
> 眇眇春风见，萧萧夜色凄。
> 客愁那听此，故作傍人低。

——杜甫《子规》

> 半生漂泊，恰似天际间一沙鸥，孤苦又无依，悲哉，痛哉！

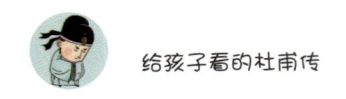

树木茂盛、子规啼鸣本是这里的风景，是受人们喜爱的，但在思家的老杜听来，却是满满的忧伤："这里四周环绕着高大茂盛的树木，整天能听到子规鸟'不如归去'的叫声。白天春风轻轻地吹，夜晚那鸟的叫声更加使人感到凄凉。鸟儿啊，你傍人低飞，我这在此客居的人哪能听得了这声音啊？它让我的思乡之愁更深了一层啊。"

长时间漂泊在江上，自是寂寞无聊，但有时也有乐趣，看看老杜另一则旅游小诗：

江月去人只数尺，风灯照夜欲三更。
沙头宿鹭联拳静，船尾跳鱼拨剌鸣。

——杜甫《漫成一首》

这首小诗，分别写月、灯、鸟、鱼，各成一景，动静结合，富有生活的情趣。这样就对了，不要想那么多的心事，多看两岸的美景，心情自然会好的。有句话说得好：生活中不是缺少美，而是缺少发现美的眼睛。老杜，让你的眼睛亮起来，心情好起来。

第二十四章
竟然成了小地主

765年五月,杜甫一家人离开了成都。他们一路漂泊,经过嘉州(今四川乐山)、戎州(今四川宜宾)、渝州(今重庆)、忠州(今重庆忠县)、云安(今重庆云阳)等地,766年春末,来到夔州(今重庆奉节)。

夔州就是白帝城,就是李白《早发白帝城》诗中的那个地方。当年李白参加永王李璘的队伍,失败后被流放夜郎,他以为自己会老死夜郎,不料到了白帝城的时候,因为关中地区大旱,皇帝陛下大赦天下,流放的改为赦免,李白这个倒霉蛋一下子成了幸运儿,高兴得一蹦三尺高,写下了《早发白帝城》:

给孩子看的杜甫传

朝辞白帝彩云间,千里江陵一日还。
两岸猿声啼不住,轻舟已过万重山。

——李白《早发白帝城》

李白一日千里地离开了白帝城,但这首诗和故事却留了下来,成了当地人**津津乐道**的话题。老杜来到夔州的时候,又听到了这个故事。作为李白的小迷弟,老杜有理由相信,这个地方也许是诗人的福地,他要留下来,慢慢欣赏这里的景色。

老杜一家刚到的时候住在西阁,在半山腰上。因为这里是山地,无法打井,只能把山上的泉水用竹筒引过来。老杜就派仆人阿段去山上找水源引水。阿段是当地人,熟悉情况,在半夜的时候把水引来了,老杜很高兴,写了一首诗记录这件事。

第二十四章　竟然成了小地主

山木苍苍落日曛，竹竿袅袅细泉分。

郡人入夜争馀沥，竖子寻源独不闻。

病渴三更回白首，传声一注湿青云。

曾惊陶侃胡奴异，怪尔常穿虎豹群。

——杜甫《示獠奴阿段》

"西边的太阳就要落山了，余晖照耀着山上茂盛的草木，泉水沿着一根根竹竿流向各户人家。当地的人到了晚上争着剩下的水，而阿段独自去寻找另外的水源。**半夜三更**我渴醒了却没水喝，正着急时忽然听到流水的声音好像从高空传来，原来是阿段把水引来了，真是太神奇了。我曾经惊异陶侃的儿子胡奴很奇异，可是阿段你在虎豹出没的地方来去自如，更让我敬佩啊。"

虽然暂时居住下来，但是在**人生地不熟**的夔州，寂寞始终围绕在老杜身边。

孤雁不饮啄，飞鸣声念群。

谁怜一片影，相失万重云？

望尽似犹见，哀多如更闻。

野鸦无意绪，鸣噪自纷纷。

——杜甫《孤雁》

一只大雁脱离了大部队，就剩下它自己孤独地飞，它边飞边叫，追赶它的同伙。可是别的大雁没有发现它丢了，它们已消失在云海的那边。但它并没有放弃，远远望去，伙伴们好像就在前面，它大声鸣叫，希望它们能听到。那些野鸭哪里能理解大雁的心情？它们自己呱呱叫个不停，高兴地拉着家常。

显然，这只大雁就是老杜自己。在夔州他没朋友，没有能说知心话的人，那种孤独之情可想而知。

过了一段苦日子之后，老杜的生活迎来了转机——柏茂琳来到夔州，任夔州都督兼御史中丞，就是夔州地区最高长官。柏都督和老杜早就相识，他虽是武将，但很欣赏老杜的才华，把自己的工资拿出一部分给老杜花，还在瀼西这个地方帮老杜找了一个好的住处，这就是后来著名的"瀼西草堂"。

为了更好地帮老杜解决生活问题，柏都督把一百多顷公田交给老杜管理，还送给老杜四十多亩柑橘林，这彻底改变了老杜的生活，让老杜从一位诗人变成了一个小地主，老杜可能从没想到过自己会成为一个小地主，过上"三十亩地一头牛，老婆孩子热炕头"的生活。生活真是会捉弄人啊！

虽然和自己"致君尧舜上，再使风俗淳"的理想相差很大，但毕竟过上了比较富足的日子，老杜还是比较满意的。他本就是个认真的人，又管理着一部分公田，很是尽职尽责，从他的一首诗可以看出：

第二十四章　竟然成了小地主

> 六月青稻多，千畦碧泉乱。
> 插秧适云已，引溜加溉灌。
> ——节选自杜甫《行官张望补稻畦水归》

他这是在提醒张望来水了，要给稻田及时补水啊。

为了方便收割水稻，他特地把家从瀼西移到东屯：

> 东屯复瀼西，一种住青溪。
> 来往皆茅屋，淹留为稻畦。
> ——节选自杜甫《自瀼西荆扉且移居东屯茅屋四首（其二）》

当起"小地主"，生活无烦忧。

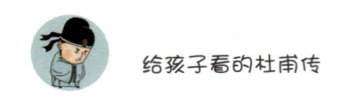

不能不说，老杜做什么事都蛮拼的！这时，他已是一个合格的小地主了。

生活问题解决了，但对家人的思念之情却越来越深了。一个重阳节，老杜来到江边的高台，遥望远方，有感而发。

重阳独酌杯中酒，抱病起登江上台。
竹叶于人既无分，菊花从此不须开。
殊方日落玄猿哭，旧国霜前白雁来。
弟妹萧条各何在，干戈衰谢两相催！

——杜甫《九日五首（其一）》

重阳节这天，老杜虽然身体不适，但仍登上高台，一边饮酒一边思念家人。他想，如果这天不能喝酒，那么菊花以后也不用开了，人还有什么意思？傍晚时听到猿猴的啼哭，他又想，它也在和我一样想念家人吗？大雁为他带来了长安的消息，那里依然不太平。他感慨，弟弟妹妹们，你们在哪儿呢？现在战争和岁月这两样东西把我折磨得越来越老，你们怎么样了？

不知不觉间，老杜在夔州已经有两套住房了，一套是位于夔州的瀼西草堂，那里位置好，出入方便；一套是位于东屯的茅屋，地处农村，空气清新，环境好，田园色彩浓厚。此时的老杜一家虽不算是**大富大贵**，但也是小康之家了。

第二十四章　竟然成了小地主

> 奋斗半生，好歹也算有房了。

关于这瀼西草堂，还有一个故事：在老杜把家搬到东屯之后，他的一个后辈亲戚吴郎来到夔州，老杜就把自己的瀼西草堂借给他居住。在瀼西草堂，老杜的西邻是个寡妇，家里很穷，经常来草堂打枣吃，老杜心地善良，从不干涉。但吴郎来之后，在枣树周围插起了篱笆，这位妇人就把这件事告诉了老杜。老杜知道后，给吴郎写了一首诗。

堂前扑枣任西邻，无食无儿一妇人。
不为困穷宁有此？只缘恐惧转须亲。

给孩子看的杜甫传

即防远客虽多事，使插疏篱却甚真。
已诉征求贫到骨，正思戎马泪盈巾。

——杜甫《又呈吴郎》

"这个妇人来打枣的时候我从不阻拦她，她想打多少就让她打多少，因为她是一个无食无儿的老妇人，很可怜的。如果不是太穷太饿谁会这么做呢？正因她心存恐惧反而更该对她好。你刚来，她见着你心里本来就对你有戒心，我知道其实你心地善良，并不是不想让她打枣，但你一来就插上篱笆却会让她误会。她因交租税已经一贫如洗了，再想起现在正值战乱不禁让人泪满衣襟。"

因为是亲戚，老杜写得很委婉，不想伤了和气，其实他想说的是：你咋这样呢？做人大方点好不好？

第二十五章
那次登高，冠绝了诗坛

767年是老杜到夔州的第二年，在这里他衣食无忧，生活还算安稳。但老杜是那种胸怀百姓，**以天下为己任**的人，眼见自己渐渐年老，距离平生理想的实现却越来越遥远，老杜心里很不甘。

这年的重阳节，他独自一人登上了白帝城外的高台。迎面秋风吹来，吹乱了他的头发，猿猴的叫声也传入耳畔，凄哀婉转。这样的景致引发了他内心的愁绪，他觉得眼前的景象和自己的心情很配。

举目远眺，群山一片萧瑟。在秋风的吹动下，树叶翩翩飞舞，好像自己的使命已达，完成了秋天伟大的谢幕。那一眼望不到边的长江滚滚东逝，带走的不仅是岁月，还有老杜曾经的理想。

给孩子看的杜甫传

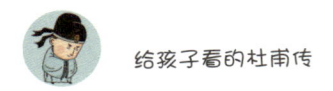

看着秋景,老杜想到自己半生漂泊,离家万里,多病缠身,理想已**遥不可及**,不觉悲从中来。他感觉自己心潮澎湃,有一种情思即将喷涌而出,**不吐不快**,于是,一首冠绝千古的律诗**横空出世**:

> 风急天高猿啸哀,渚清沙白鸟飞回。
> 无边落木萧萧下,不尽长江滚滚来。
> 万里悲秋常作客,百年多病独登台。
> 艰难苦恨繁霜鬓,潦倒新停浊酒杯。
>
> ——杜甫《登高》

哎,人生迟暮,为时已晚,我老杜一生竟就如此了吗?

第二十五章　那次登高，冠绝了诗坛

"风在吼，猿在叫，小鸟在喧闹；天空高远，江水清清。**一望无际**的森林里树叶唰唰地落下，给人凄凉的感觉；看不到尽头的长江水滚滚向东流去。已是秋天，离家万里的我却不得不客居夔州，这情景让人悲伤。我半生漂泊，如今多病缠身，只能独自登上这座高台。我一生艰难，遗憾颇多，头发还都白了，因为穷困潦倒，再加上多病，连酒也不能喝了。"

老杜的这首律诗，前四句写自己所见之景，既写了近处所见的具体之景，又写了雄浑开阔的三峡之貌，令人**赞叹不已**。后四句则抒发了自己穷困潦倒的悲哀之情，引人沉思。全诗语言精练，通篇对偶，一二句尚有句中对，成为历来人们学习写律诗的典范之作。

第二十六章
落花时节

老杜在夔州一共待了一年十个月,时间虽不是很长,但这期间他创作了四百多首作品,占他全部作品的近三分之一,这也从一个方面说明他在这儿生活得还是不错的。

尽管如此,老杜还是决定离开。他离开成都时的目的地本来也不是这儿,他是想**落叶归根**,回到自己的老家洛阳;或者他并没有对这个朝廷完全失望,还幻想着能回到长安,实现自己的梦想。无论如何,他在处理完夔州事务之后,就乘船沿江东下了。

768 年,老杜顺流而下来到江陵,因为这里有他的几个旧相识,他就在此地暂住。这时的他,全身各种不舒服,被风痹、

第二十六章　落花时节

疟疾等时时困扰着,后来耳朵也不好使了,胳膊抬不起来了,用"百病缠身"形容一点也不夸张。

在江陵他并没有得到多少帮助,生活困苦不堪。在这种情形下,他写下了《江汉》:

> 江汉思归客,乾坤一腐儒。
> 片云天共远,永夜月同孤。
> 落日心犹壮,秋风病欲苏。
> 古来存老马,不必取长途。
>
> ——杜甫《江汉》

"我漂泊在江汉一带,思念故土却不能归,在茫茫天地之间,就剩下一个迂腐的老儒。我就是天边飘过的一片云,没有着落,和夜空的月亮一样孤独。虽然年龄大了,但我仍有**雄心壮志**,迎着吹来的秋风,感觉自己的病渐渐在好转。自古以来养老马是因为其智可用,而不必取其体力,跋涉长途。"最后一联是老杜在用老马比喻自己虽年老多病但智慧犹可用,还能有所作为。老杜的这首诗和三国时曹操的"老骥伏枥,志在千里;烈士暮年,壮心不已"颇为相似,都表达的是自己不服老,还想多干几年的心愿。

这诗说明老杜还是有想法的。他所暂时居住的江陵,可以北上洛阳,回到他的老家;也可以转道去长安,实现他的梦想。他这样说,好像是看到了什么希望,但现在不得而知。

给孩子看的杜甫传

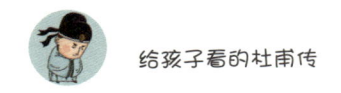

　　后来发生的事让老杜的想法成了空。这年二月，商州兵马使刘洽发动叛乱，广大地区陷入战火，老杜回家的路被堵。后来，吐蕃看到唐朝经过战乱之后国力衰弱，就想**趁火打劫**，于是派人进攻长安，老杜也去不了长安了。不能回家，不能去长安，在江陵又待不下去，计划全盘泡汤，无奈之下，老杜去了公安县，年底到达岳阳城。

　　岳阳著名的风景当属岳阳楼，它和湖北武汉黄鹤楼、江西南昌滕王阁并称为"江南三大名楼"。岳阳楼是诗人汇集之地，他们在此吟诗作赋，留有不少好的篇章。

　　老杜来到岳阳之后，自是会游览一番的。老杜毕竟是有些名气的，到岳阳之后，受到了当地人的热情招待。

第二十六章　落花时节

湖阔兼云雾，楼孤属晚晴。

礼加徐孺子，诗接谢宣城。

雪岸丛梅发，春泥百草生。

敢违渔父问，从此更南征。

——杜甫《陪裴使君登岳阳楼》

"云雾里的洞庭湖①**无边无际**，晚霞中的岳阳楼有些孤单。您（裴使君）对我像对徐稚那样的名人一样好，我则把您看作谢朓②一样有才。您让我感觉自己像雪中的梅花绽放，像泥土中的百草萌发。您问我是否更改计划，不再往南，那我肯定听您的了。"

可以看出老杜在当地受到了优待，自己所写的诗也很客气，对人家也是尽力地讨好，看来裴使君曾说过希望老杜能留下。可老杜后来依然离开了，也许人家只是客气了一下吧。

①洞庭湖：古称云梦，位于长江中游荆江南岸。洞庭湖之名，始于春秋战国时期，因湖中洞庭山（即今君山）而得名。曾号称"八百里洞庭"。洞庭湖是历史上重要的战略要地、中国传统文化发源地，也是中国传统农业发祥地，是著名的鱼米之乡，也是著名的旅游胜地。

②谢朓（464年—499年）：字玄晖，南朝齐诗人，善辞赋和散文。与南朝著名诗人谢灵运并称"大小谢"。谢朓的诗歌讲究"圆美流转"，音调和谐，读起来朗朗上口，铿锵悦耳，对李白、杜甫、王维都有影响。代表作有《玉阶怨》《晚登三山还望京邑》等。

给孩子看的杜甫传

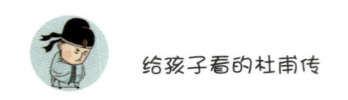

老杜写的关于岳阳楼的诗,最好的还是那首《登岳阳楼》:

昔闻洞庭水,今上岳阳楼。
吴楚东南坼,乾坤日夜浮。
亲朋无一字,老病有孤舟。
戎马关山北,凭轩涕泗流。

——杜甫《登岳阳楼》

"以前就听说洞庭湖这地方好,现在终于来到这里,登上了岳阳楼。浩瀚的洞庭湖把吴、楚两地隔开,连天地都像是在湖上飘荡,确实太壮观了。我很久没有亲戚朋友的一点信息了,年老体弱只有一条小船可以依靠。但一想到关山以北战争仍未停止,我手扶栏杆不禁泪流不止。"

杜甫现在是有老病,无亲朋,**无依无靠**,但他心里仍然装的是国家,是他所生活的这片土地,是受苦的百姓,想得最少的偏偏是自己。这也许就是别人的名字留在书里,而他的名字留在人们心里的原因吧!

在岳阳住了一段时间,老杜听说自己的好友韦之晋在衡州当刺史,很高兴,决定去投奔他。韦之晋是他年轻时结交的朋友,两人关系非常好。

离开岳阳时,老杜又写了一首诗:

第二十六章 落花时节

春岸桃花水，云帆枫树林。

偷生长避地，适远更沾襟。

老病南征日，君恩北望心。

百年歌自苦，未见有知音。

——杜甫《南征》

"桃花汛涨平了湘江两岸，飘忽如云的白帆驶过枫林。景虽然不错，但我的一生为了活下去却常常漂泊远方，一路上泪水不住地流。我年老多病，乘船南行，其实我的心一直向着北方，那里有我的家和我的君王。我辛辛苦苦写了一辈子诗歌，可一个知音也没有啊。"

"百年歌自苦，未见有知音。"很少见老杜有这么悲伤的诗句，可见此时他的心情有多么糟糕。

其实更糟糕的还在后面呢。造化弄人，老天和老杜开了一个玩笑。当他从岳阳出发，经过潭州到达衡州时，才知道韦之晋已调到了潭州任刺史，自己竟和苦苦寻找的人**擦肩而过**，辛苦地跑了几个月居然是做了无用功。

没关系，既然人在潭州，那就回去呗。于是一家人又劳顿一番到了潭州。到了之后却听到一个有如晴天霹雳的消息，韦之晋已经病死。靠山山倒，无可奈何！

无处可去，老杜一家人只能在潭州暂住，白天应酬，晚上住在船上。

给孩子看的杜甫传

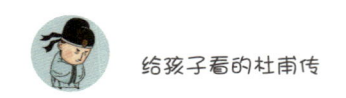

> 造化弄人，天意如此，罢了，罢了！

先走一步

湖南为客动经春，燕子衔泥两度新。
旧入故园尝识主，如今社日远看人。
可怜处处巢居室，何异飘飘托此身。
暂语船樯还起去，穿花贴水益沾巾。
——杜甫《燕子来舟中作》

"我漂泊到湖南为客，已过了整整一个春天，燕子都两次衔泥筑巢了。你这燕子啊，以前你曾在我家屋檐下安家，咱们相处得很好，现在竟不认识我，只是远远地看着。燕子你每年到处筑巢，没有固定的地方，和我四处漂泊是一样的，咱们是**同病相怜**啊。你暂时在桅杆上停歇，然后穿花贴水离去，而我却**触景生情**，泪水沾满衣襟。"

第二十六章　落花时节

佳辰强饮食犹寒，隐几萧条戴鹖冠。
春水船如天上坐，老年花似雾中看。
娟娟戏蝶过闲幔，片片轻鸥下急湍。
云白山青万余里，愁看直北是长安。

——杜甫《小寒食舟中作》

"寒食这天我勉强吃了点东西，戴着褐色的帽子靠着桌子席地坐下。春水上涨得厉害，船也跟着晃动，我好像坐在天上。我的老眼昏蒙，看花就像看雾一样，朦朦胧胧的。看着蝴蝶自由自在地飞，鸥鸟也沿着水面急掠而过，真是羡慕，我要是有翅膀会飞该多好。我想去的长安就在北边，离这里有一万多里，想想就让我发愁。"

由这两首诗可以看出，老杜已经没有能力到岸上租房子住了，只能漂泊在船上，吃不好，休息不好，心情不好，再加上原就多病，因此身体状况越来越糟。

在一次应酬宴会上，老杜遇到了故人李龟年。李龟年当年是大唐第一歌唱家，专门给皇帝及贵族演唱。很多诗人写的诗都是由他唱红的。李白当翰林待诏时，给杨贵妃写了不少的诗，有的就是由李龟年唱给她听的。老杜以前在长安、洛阳混的时候，曾听到过李龟年唱歌，两人也是比较熟悉的。

后来因为安史之乱，红得发紫的李歌唱家不得不流落江南，靠给别人唱歌谋生。他曾唱过王维写的《红豆》一诗，因内容感人，他又有感而唱，歌声凄凉，闻者无不落泪。

昔日老友他乡相逢，免不了一番感慨，时光斗转星移，世间沧海桑田，多少往事已如烟云消散，老杜将一首《江南逢李龟年》送给朋友，也送给自己。

岐王宅里寻常见，崔九堂前几度闻。
正是江南好风景，落花时节又逢君。

——杜甫《江南逢李龟年》

"在岐王府里、崔九家里多次听过您的歌声，至今难以忘记。现在江南的风景正好，落花缤纷，没想到在这里遇到您，真是**人生何处不相逢**啊。"

在潭州住了几个月，没想到当地也发生了叛乱，无奈之下，老杜和家人只好乘船逃走，又到了衡州。

没有生活来源，解决不了吃饭的问题，此地不能常住。老杜听说自己的一个舅舅在郴州为官，他便打算前去投奔，行到耒阳时，遇到发大水，又是逆风，船无法行驶，只好又回到衡州。

此时的老杜已经濒临绝境了，他常年多病，经常吃不饱饭，长时间漂泊在一条小船上，再加上心情不好，所有这些一点一点摧残着他那本已羸弱的身体，让他一步步走向**穷途末路**。

770年冬，在湘水，在陪伴他出蜀的那条小船上，老杜写下了生命中最后一首诗《风疾舟中伏枕书怀三十六韵奉呈湖南亲

第二十六章　落花时节

友》,他的遗愿就是死后能埋在自己十三世祖杜预的墓旁。此后,他慢慢停止了呼吸,一代"诗圣"走到了生命的尽头,享年59岁。

老杜去世四十三年后,他的孙子杜嗣业**想方设法**把他的灵柩运回洛阳,老杜终于得以落叶归根了。

老杜的一生颠沛流离,生活困苦,但即便如此,他仍挂念着自己的国家,惦记着穷苦的百姓。在他的心里,国家和百姓永远是第一位的。因此,虽历经千年,人们也没忘记他,把他写在书里,记在心中。

他敦厚的性格、和蔼的面庞,让人感觉那么亲切,使人总忍不住想跟他打个招呼:

嘿,老杜!